Susanne Stöcklin-Meier

Sprechen und Spielen

Susanne Stöcklin–Meier

Sprechen und Spielen

*Spiel- und Beschäftigungsanregungen
für Kinder zwischen 2 und 9 Jahren*

Illustrationen von Lisa Gangwisch

Ravensburger Buchverlag

Die Deutsche Bibliothek – CIP-Einheitsaufnahme
Ein Titeldatensatz für diese Publikation ist bei
Der Deutschen Bibliothek erhältlich

1 2 3 4   03 02 01 00

© 1995 by verlag pro juventute, Zürich
© der deutschen Ausgabe
1995, 2000 Ravensburger Buchverlag Otto Maier GmbH
Umschlagkonzeption: Schmieder/Sieblitz
Fotos: Ursula Markus
Übertragung der schweizerdeutschen Verse ins Deutsche:
Edith Harries und Gisela Walter
Printed in Germany
ISBN 3-473-37357-5

INHALT

VORWORT

Viele Kinder, Eltern, Großeltern, Kindergärtnerinnen haben mit mir diese Verse gesammelt, gesucht und zusammengetragen. Alle Wortspiele sind erprobt und altbewährt, also aus der Praxis für die Praxis zusammengestellt. Und eines ist gewiß, die Spiele und Sprechverse machen den Kindern großen Spaß.

Das vorliegende Buch ist einerseits für die Eltern und Großeltern gedacht, die die Sprüche und Reime im Spiel mit den Kindern weitergeben. Für die Kinder selbst kann dieses Buch mit den vielen bunten Illustrationen ein Bilderbuch sein, in dem sie immer wieder gerne blättern und anhand der Zeichnungen ihre Spiele wiederentdecken. Andererseits ist die hier zusammengestellte Wortspiele-Sammlung ein ideales Nachschlagewerk für die praktische Arbeit der Erzieherinnen und Erzieher, die im Kindergarten gezielt Sprach-und Sprechförderung machen wollen. Denn eines ist längst bekannt: Kinder, die in den ersten Jahren eine gute Sprachförderung erhalten haben, werden es später in der Schule leichter haben. Sie können ihre Gedanken besser formulieren, Gefühle und Wünsche äußern, Erlebnisse erzählen, Geschichten erfinden, soziale Kontakte knüpfen, Probleme aussprechen und Konflikte verbal lösen. Alles, was sich in Worte fassen läßt, wird klarer, verständlicher und faßbarer.

Das Geheimnis des guten Spracherziehers ist es, möglichst viele Reime, Lieder und Sprüche zu kennen und diese den Kindern im richtigen Moment anzubieten: Wenn sich das Kind verletzt hat, wenn die Katze im Garten eine Maus gefangen hat, wenn die Sonne lacht oder der Mond am Himmel aufsteigt, wenn ein Vogel zwitschert oder eine Schnecke über den Weg kriecht, wenn es regnet oder schneit... Dabei ist der Sinn dieser

Wortspiele nicht, daß das Kind die Verse streng auswendig lernt und vorsagt. Sprachdrill und Sprechzwang ist für Vorschulkinder unsinnig und abzulehnen. Es geht hier vielmehr um ein lustbetontes, spielerisches Nachahmen und Nachspielen.

Kinder sind vom Sprachklang, von Reimen und dem spielerischen Umgang mit Sprache und Wörtern fasziniert. Und weil Sprache, Bewegung und Denken eng miteinander verbunden sind, enthält die vorliegende Sammlung neben vielen Sprechversen auch Klatsch-, Patsch-, Hüpf- und Geh-Spiele.

Bewußt habe ich die Elemente des traditionellen Kinderverses aufgegriffen, diese weitergesponnen, ausgebaut und variiert. Die Spielsequenzen sind kurz und lassen deshalb den Kindern viel Spielraum für eigene Aktivitäten. Wenn ein Kind also einen Reim verändert oder eigene, ganz andere Spielideen dazu entwickelt... ausgezeichnet, dann sind das die neuen und richtigen Spielregeln. Hier sind wir Erzieherinnen und Erzieher mit unserer Flexibilität gefordert. Denn das wichtigste bei diesen Wortspielen ist, daß den Kindern das Sprechen und Spielen Spaß macht! Genießen wir es mit ihnen.

Wissenswertes für Spielerinnen und Spieler: *Alle Spielanleitungen sind kursiv gedruckt.*

Susanne Stöcklin-Meier

FINGERVERSE

Das Wickelkind spielt und plaudert mit den Händen, wenn es allein im Bettchen liegt. Es lutscht und schmatzt an seinen Fingern, übt greifen und loslassen, Handstrecken und Faustmachen. Im Laufe der ersten Lebensjahre verfeinert das Kind seine Bewegungen, seine Feinmotorik, seine Fingergeschicklichkeit. Parallel dazu verläuft die Sprachentwicklung. Das Kind bildet Silbenketten, ahmt Laute nach, spricht die ersten Wörter und schließlich einfache Sätze. Es besteht also ein direkter Zusammenhang zwischen der feinmotorischen und sprachlichen Entwicklung des Kindes. Fortschritte im Bewegungsverhalten des Kindes beeinflussen dessen Sprache und Intelligenz. Deshalb sind die alten, volkstümlichen Kinderverse gleichzeitig auch Bewegungsspiele.

Mit zwei und drei Jahren beginnen die Kinder, selber Verse aufzusagen und neue Wörter zu erfinden. Dabei kommt es ihnen weniger auf den Inhalt an, sondern auf einen wohlklingenden Sprachrhythmus, oder auf die Klangfarbe der Wörter, oder die Endreime der Sätze. Erst die vier- und fünfjährigen Kinder verstehen und beachten den Sinngehalt eines Sprechverses.

Die Fingerfamilie

Fingerverse regen die Kinder zum Phantasieren an. Besonders die Sprachmuster der traditionellen Verse muntern zum Weitermachen und Selbererfinden auf. Auch wir Erwachsenen sollten unsere Scheu überwinden, und Gereimtes und Ungereimtes formulieren, spielen, fabulieren. Lassen wir uns dabei von den Eigenheiten der einzelnen Finger inspirieren, denn ursprünglich hatte jeder Finger eine eigene Funktion, zum Beispiel diese: Der Daumen symbolisiert das Dominante, das Herrschende. Der Zeigefinger, wen wundert es, ist als naschhaft verschrien. Der Mittelfinger ist der Starke, der große Bruder. Der Ringfinger ist der Schöne, er heißt auch Goldfinger oder Herzfinger, ihm wird eine geheime Heilkraft zugesprochen. Der kleine Finger ist der Freche, der Kleine, der Schelm, der Zuckerlecker, der Butzemann, er ist vorwitzig und lustig, mit ihm passiert in einem Fingerspiel oft etwas Besonderes, Komisches, etwas zum Lachen.

Bei diesen Fingerversen werden die Finger nacheinander emporgestreckt und mit dem Zeigefinger der anderen Hand angetupft.

Das ist der Vater, lieb und gut,
das ist die Mutter mit dem Federhut,
das ist der Bruder, stark und groß,
das ist die Schwester mit 'nem Baby
auf dem Schoß,
das ist das kleine Kindelein,
und das soll die ganze Familie sein.

Zum Schluß die ganze Hand zeigen, drehen und tanzen lassen.

Das ist der Daumen,
der schüttelt die Pflaumen,
der sammelt sie auf,
der trägt sie nach Haus,
und der kleine Schelm
ißt sie alle auf.

Ich bin der Dicke,
ich bin der Zeiger,
ich bin der Lange,
ich bin der Ringelmann,
und ich bin der Kleine,
der Bibabutzemann,
der alles weiß,
und alles kann.

Der ist ins Wasser gefallen,
der hat ihn rausgeholt,
der hat ihn heimgebracht,
der hat ihn ins Bett gesteckt,
und der Kleine
hat ihn wieder aufgeweckt.

Der kleine Bi-Ba-Butzemann

Die fünf Finger, die schlafen fest,
wie fünf Vöglein im Nest.
Sie schlafen die ganze Nacht,
erst am Morgen sind sie erwacht:
Zuerst der Vater,
dann die Mutter
dann der Bruder,
dann die Schwester,
und zuletzt der kleine
Bi-Ba-Butzemann.

Die Faust auf den Tisch legen, dann die Finger einzeln aus der Faust lösen und hochstrecken; der Daumen, als Vater, beginnt. Beim Sprechen anfangs flüstern, solange die Fingerfamilie noch schläft.

Jetzt sind die Zehen an der Reihe

Das ist der Vater,
das ist die Mutter,
das ist der Bruder,
das ist die Schwester,
und das ist das
klitzekleine Bi-Ba-Butzelein.

Die Zehen werden der Reihe nach mit dem Finger angestupst oder kurz gestreichelt. Die große Zehe ist natürlich der Vater.

Das ist der Großvater,
das ist die Großmutter,
das ist der Onkel,
das ist die Tante,
und das ist der
kleine Gi-Ga-Gux.

Jetzt ist der andere Fuß an der Reihe. Als Abwechslung kann man diesen Vers mal mit hoher Stimme, mal mit tiefem Gebrumm sprechen oder jeden Zeh mit einer jeweils anderen witzig klingenden Stimme vorstellen.

Fünf-Finger-Geschichten

Das sind fünf Mädchen, die haben gern gespielt:
Das Däumlein hat am liebsten gekocht,
das Zeigefingerlein hat am liebsten mit Puppen gespielt,
das Mittelfingerlein hat am liebsten Doktor gespielt,
das Ringfingerlein hat am liebsten Kasper gespielt.
Und das Kleinste, das hat am liebsten Mundharmonika gespielt.

Das sind fünf Buben, die haben gern gespielt:
Der Daumen ist am liebsten Stelzen gelaufen,
der Zeigefinger ist am liebsten Seil gehüpft,
der Mittelfinger hat am liebsten Fußball gespielt,
der Ringfinger ist am liebsten umhergerannt.
Und der kleine Finger, der hat am liebsten auf der
Schaukel gesessen.

Bei diesen Spielversen wird immer zuerst die ganze Hand gezeigt. Danach erzählen oder zeigen die Finger einzeln, was sie am liebsten machen. Es beginnt immer der Daumen mit der Vorstellung. Beim nächsten Mal wollen die Fünf vielleicht etwas ganz anderes spielen oder essen oder musizieren? Und was? Das könnten sich die Kinder selbst ausdenken. Auf jeden Fall sagt der kleine Finger immer besonders komische Sachen oder macht seine Dummheiten.

Das sind fünf kleine Freßsäcke:
Der ißt am liebsten Suppe,
der ißt am liebsten Schokoladeneis,
der ißt am liebsten Müsli,
der ißt am liebsten Äpfel,
und der Kleinste, der ißt am liebsten
Spaghetti mit viel, viel Tomatensoße.

Das sind fünf Musikanten:
Der bläst die Trompete,
der streicht den Baß,
der bläst auf der Flöte,
der trommelt auf dem Faß,
und der kleine Agaton,
spielt das große Saxophon.

Das sind fünf Hirten:
Der hütet die Schafe,
der hütet die Ziegen
der hütet die Schweine,
der hütet die Kühe,
und der kleine Lauser
liegt im Gras und schläft.

Fünf Finger wollten auf die Reise gehn:
Der ist mit dem Auto gefahren,
der ist mit dem Zug gefahren,
der ist mit dem Schiff gefahren,
der ist mit dem Flugzeug geflogen,
und der Kleinste
ist mit dem Roller fortgeflitzt.

Beim Einkaufen

Die Mutter kauft ein:
einen Blumenkohl,
eine Möhre,
eine Tomate,
und einen Kopfsalat.

Der Vater kauft ein:
einen Hammer,
eine Säge,
eine Zange,
und einen ganzen Sack voll Nägel.

Das Vreneli kauft ein:
einen Ball,
Stelzen,
ein Springseil,
und ein Gummiband für den Gummitwist.

Das ist der Bauersmann,
bei dem man Bi-Ba-Birnen kaufen kann.
Das ist die Bäckersfrau,
bei der man Bri-Bra-Brötchen kaufen kann.
Das ist der Gärtnersmann,
bei dem man Bli-Bla-Blumen kaufen kann.
Das ist der Milchmann,
bei dem man Mi-Ma-Milch kaufen kann.
Und das ist der Würstchen-Verkäufer,
der ruft: Heiße Würstchen, heiße Würstchen!

Die fünf Finger an meiner Hand
gehen ins Kaufhaus miteinand':
Der kauft 'ne Mütze,
der kauft Schuh,
der kauft Hosen,
und der den Gürtel dazu.
Doch der Kleine ruft erschrocken:
Hab kein Geld für meine Socken!

Die fünf Finger an meiner Hand,
gehn auf den Jahrmarkt miteinand':
Der kauft eine Tüte Rahmbonbons,
der kauft Luftballons,
der kauft Knallfrösche,
der kauft Quietschbonbons,
und der kleine Stumpen kauft sich ein Los
und gewinnt den riesengroßen Teddybär.

Die fünf Finger an meiner Hand
Gehn auf den Jahrmarkt miteinand':
Der fährt mit dem Riesenrad,
der fährt auf dem Karussell,
der fährt Boxauto,
der fährt mit der Achterbahn,
und der Kleinste schi-scha-schaukelt
auf der Schiffschaukel hin und her,
hin und her, hin und her...

Bei den Tieren

Der sieht im Wald ein Reh,
der sieht im Wald einen Fuchs,
der sieht im Wald einen Hasen,
der sieht im Wald eine Maus,
und der Kleinste sieht im Wald ein Vögelchen,
das im Nest sitzt und Eier ausbrütet.

Der sieht im Teich einen Fisch,
der sieht im Teich einen Frosch,
der sieht im Teich einen Krebs,
der sieht im Teich einen Wurm,
der ruft: mir ist das Wasser zu naß
und klettert auf den Turm.

Im Stall, da wohnt 'ne Ratte,
die schläft im Nest aus Watte.
Im Stall, da wohnt ein Stier,
der trinkt am Abend Bier.
Im Stall, da wohnt ein Schaf,
das ist so lieb und brav.
Im Stall, da wohnt ein Ferkelchen,
das heißt mit Namen Erkelchen.
Im Stall da wohnt ein Kater,
der macht des nachts Theater.

Im Zoo ist ein Aff',
der ist ganz baff.
Im Zoo ist ein Löwe,
der schläft in 'ner Höhle.
Im Zoo ist 'ne Ziege,
die sitzt in 'ner Wiege.
Im Zoo ist ein Elefant,
der frißt jedem aus der Hand.
Im Zoo ist 'ne Kuh,
die hat die Augen zu.
Hör mal, ob sie auch schnarcht.

Das ist die Katz, die macht: «Miau!»
Das ist der Hund, der macht: «Wau-wau!»
Das ist die Kuh, die macht: «Muh-muh!»
Das ist das Schaf, das macht «Mäh-mäh!».
Und das kleine Schweinchen macht: «Ch-ch-ch…!»

Fingerkostüme

Das sind die einfachsten Kostüme der Welt, im Handumdrehen sind sie geschneidert und passend für das kleine Fingertheater. Das Material sind bunte Stoffreste oder ein altes Taschentuch oder Seidenpapier oder Papierservietten. Es können beim Finger-Theaterspiel gleich mehrere Finger kostümiert werden. Dazu sind die Modelle «Kleid» und «Mantel» geeignet. Wer will, kann auf die Fingerkuppen mit Schminkstiften noch lustige Gesichter aufmalen. Und wer noch dringend einen Hut braucht, der bastelt sich einen. Passende Spieltexte für ein Fingertheaterspiel stehen auf Seite 22 und 23.

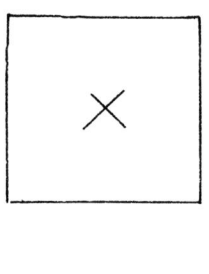 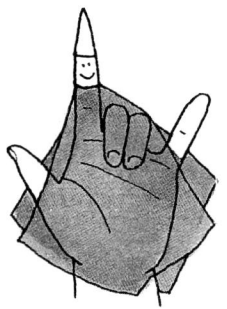

Poncho

Ein Quadrat vom 25 x 25 cm zurechtschneiden, in der Mitte ein kleines Loch als Halsausschnitt einschneiden, gerade so groß, daß der Zeigefinger durchpaßt.

Jetzt schauen nur noch Daumen und kleiner Finger hervor, das sind die beiden Arme der kleinen Fingerpuppe.

Kleid

Dieses weitschwingende Kleid paßt auf jeden Finger. Der Schnitt ist einfach: Einen Kreis von 10 cm Durchmesser aus dem Stoff ausschneiden, in die Mitte ein kleines Loch einschneiden – fertig zur Anprobe.

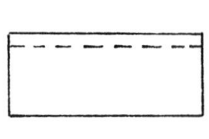 

Mantel

Dieser Mantel wird mit einem Gummiring am Finger festgehalten. Ein schöner Kragen ziert den Mantel und versteckt gleichzeitig den Gummiring. Die Maße: 10 x 4 cm. Auch dieses Modell paßt an jeden Finger.

Finger–Theater

Als Spielstücke eignen sich für das Fingertheater Fingerverse, Tanzlieder, Märchen, Gespräche und Alltagserlebnisse. Wenn den Kindern das kleine Theaterspiel gefallen hat, dann wollen sie es immer wieder sehen – und lernen so ganz nebenbei die ganze Spielgeschichte auswendig. Wenn dann die Kinderfinger auch kleine Kostüme bekommen, heißt es nur noch: Bühne frei! Das Spiel beginnt.

Auf nach Laufenberg!

Spieler
Hans: rechter Zeigefinger
Fünf Mädchen: linke Hand

He, Hans, mach dich auf,
nach Laufenberg zu.

Hans geht auf und ab.

Da dreh'n sich fünf Mädchen
und zertanzen ihre Schuh.

*Mädchen tanzen, Hans schaut zu. Im
Sprachrhythmus des Verses mit den
Füßen den Takt auf den Boden klopfen.*

He, Leut', macht euch auf,
nach Laufenberg zu.
Da tanzen fünf Mädchen
und der Hansel dazu.
Sie klippern und klappern
und zertanzen ihre Schuh.

*Das rufen Hans und die Mädchen den
Zuschauern zu, dabei tanzen sie.*

Die fünf Engelein

Spieler
Fünf Engel: rechte Hand
Kind: kleiner Finger der linken Hand

Fünf Engelein haben gesungen.

Hand senkrecht halten, die Finger zappeln.

Fünf Engelein kommen gesprungen.

Die Finger springen und fliegen

Das erste bläst das Feuer an.

Mit Daumen und Zeigefinger der linken Hand einen runden Herd darstellen. Der Daumen-Engel bläst dort ein Feuer an.

Das zweite stellt das Töpfchen dran.

Zeigefinger-Engel beugt sich vor den Herd, als würde es eine Pfanne daraufstellen.

Das dritte rührt den Brei hinein.

Mittelfinger-Engel ahmt die Bewegung des Rührens nach.

Das vierte tut brav Zucker drein.

Ringfinger-Engel geht zum Herd und gibt Zucker dazu.

Das fünfte sagt: 'S ist angericht, komm her, mein Kind, verbrenn dich nicht.

Der Kleinfinger-Engel tupft in den 'Herd', dann auf die Fingerbeere des kleinen Fingers der linken Hand, das ist das Kind. Dieses schmatzt laut und genüßlich.

Brüderchen,
komm tanz mit mir!

Spieler
Schwesterchen: rechte Hand
Brüderchen: linke Hand

Brüderchen, komm tanz mit mir,
beide Hände reich ich dir;
einmal hin, einmal her,
rundherum, das ist nicht schwer.

Mit dem Köpfchen nick, nick, nick,
mit dem Fingerchen tick, tick, tick;
einmal hin, einmal her,
rundherum, das ist nicht schwer.

Mit den Füßchen trapp, trapp, trapp,
mit den Händchen klapp, klapp, klapp;
einmal hin, einmal her,
rundherum, das ist nicht schwer.
Ei, das hast du fein gemacht,
ei, das hätt' ich nicht gedacht;
einmal hin, einmal her,
rundherum, das ist nicht schwer.

Schwester und Brüderchen sind Fingerpuppen, siehe
Kostüm 'Poncho' Seite 20. Die beiden stehen sich gegen-
über, halten sich an den Händen und tanzen mit-
einander. Bei der zweiten Strophe nicken sie mit den
Köpfchen und führen auch bei den nächsten Strophen alle
genannten Tanzbewegungen aus.

HAND-SPIEL-GESCHICHTEN

Hände sind unglaublich wandelbare Wesen. Ihre Gebärdensprache scheint unerschöpflich zu sein. Sie kribbeln als Krabbeltier über den Arm, sie streichen als Schmusekatze über die Wange oder kratzen als böser Kater. Hände verwandeln sich in Kaufladen, Häuschen, Stuhl und Tisch, klettern als Büblein auf den Baum oder verstecken sich als Hänsel und Gretel. Handspielgeschichten sind so etwas wie ein Mini-Theater für Kinder. Aufgeführt wird ein aufregendes Drama, ein verrückter Schwank, ein vergnügliches Lustspiel oder ein witziger Sketch. Im Gegensatz zum Fingervers, bei dem durch das Abzählen der fünf Spielfinger-Figuren Grenzen gesetzt sind, ist die Handgeschichte frei in Bewegung und Wort. Die Reime, Verse oder Sprüche werden während des Sprechens gleichzeitig mit dem Spiel der Hände phantasievoll in Szene gesetzt.

Die meisten der hier zusammengestellten Handgeschichten sind alt über- liefertes Volksgut. Andere wurden von Kindern selbst erfunden. Doch auch die neuen Handgeschichten hören sich gar nicht wie eine Neuschöpfung an, weil die Geschichten so überzeugend einfach und echt wirken.

Die ausgewählten Beispiele dieses Kapitels sollen Lust und Laune machen, selbst mit den Kindern Spielgeschichten für die Hände zu erfinden.

Hampelmann und Zappelmann

Schnick und Schnack

Der Schnick und der Schnack,
sind zwei Hampelmännchen aus dem Sack.
Der Schnick hat ein Krönchen,
der Schnack einen Kranz.
So gehen sie beide
ganz fröhlich zum Tanz.
Sie hüpfen und tanzen,
sie kichern und lachen.
So machen sie beide,
recht lustige Sachen.
Der Tanz ist aus, und Schnick und Schnack
schlüpfen wieder in den Sack.

*Schnick und Schnack sind die beiden Daumen. Mit Stoff oder
Papier, Wolle oder Knete bekommen sie ein lustiges Kostüm,
siehe auch Seite 20 und 21. Ganz stolz tragen die beiden
Hampelmänner ihren echten Kopfschmuck, zwei Fingerringe.
Am Anfang des Spiels sind die beiden in der Faust verborgen,
schlüpfen dann nacheinander aus dem Sack, tanzen, lachen und
bewegen sich munter hin und her. Zum Schluß verschwinden sie
wieder in der Faust.*

Zehn kleine Zappelmänner

Zehn kleine Zappelmänner
zappeln hin und her,
zehn kleinen Zappelmännern,
fällt das gar nicht schwer.
Zehn kleine Zappelmänner
zappeln auf und nieder,
zehn kleine Zappelmänner
tun das immer wieder.
Zehn kleine Zappelmänner
zappeln rund herum,
zehn kleine Zappelmänner
finden das nicht dumm.
Zehn kleine Zappelmänner
spielen mal Versteck,
zehn kleine Zappelmänner
sind auf einmal weg.

Je schneller die Zappelmänner zappeln, desto lustiger wird das Spiel. Die Zappel-Finger zappeln und spielen entsprechend den Worten auf der Tischplatte und in der Luft. Beim Verstecken werden die Hände zu Fäusten geballt, und am Schluß verschwinden sie hinter dem Rücken des Spielers.

Haus und Bank

Das schiefe Häuschen

Mein Häuschen ist nicht ganz grade,
das ist aber schade!

Beide Hände werden zu einem Haus mit spitzem Dach zusammengehalten. Einmal mit Neigung nach rechts ...

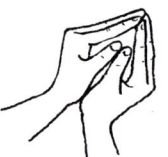

Mein Häuschen ist ein bißchen krumm,
das ist aber dumm!

... einmal mit Neigung nach links.

Da bläst ein starker Wind hinein,
bums, fällt das ganze Häuschen ein.

Das Finger-Häuschen wird angeblasen und fällt mit einem Händeklatschen zusammen.

Besetzt!

Das ist eine Bank.
Möchtest du dich setzen?

*Hände so verschränken, daß die Finger in den Hand-
innenflächen liegen. Dabei die Arme dicht aneinander-
halten, so daß die Hände wie eine Bank aussehen.*

Ja, gerne!
Schon besetzt!

Hände umdrehen, jetzt können die Finger zappeln.

Kaufladen

Grüß Gott!
Grüß Gott!
Was wollen Sie?
Zucker und Kaffee!
Das hab ich nicht, das hab ich nicht!
Ade! Ade! Ade!

*Die Mittel- und Ringfinger beider Hände bilden den
Kaufladen, die Zeigefinger liegen quer davor, das ist
die Ladentheke. Einer der kleinen Finger ist die Ver-
käuferin und schaut aus dem Kaufladen heraus, die
beiden Daumen sind Kunden und wollen einkaufen.
Je nachdem, wer gerade spricht, bewegen sich Verkäu-
ferin oder die beiden Kunden ein wenig hin und her.*

Tiergeschichten

Hunde-Katz-und-Maus-Geschichte

Ein großer Hund,

Zeigefinger und kleinen Finger strecken, das sind die Hundeohren; Daumen auf gebeugten Mittel- und Ringfinger legen, das ist die Hundeschnauze.

eine kleine Katz,

Zeigefinger und kleinen Finger der anderen Hand anwinkeln, das sind die kleinen Katzenohren; Daumen auf gebeugten Mittel- und Ringfinger legen, das ist die Katzenschnauze.

da kommt die Maus,

Eine Hand krabbelt als kleine Maus waagerecht vorbei.

und das Spiel ist aus.

Die Hände verschwinden hinter dem Rücken.

Im Vogel-Theater

Das ist eine Krähe, sie macht:
Krah, krah, krah-krah!

*Daumen und Zeigefinger bilden den Krähenschnabel, die
andern Finger den Vogelkopf, jetzt kann die Krähe ihren
Schnabel auf- und zuklappen und dabei laut krächzen.*

Das ist ein Storch, er macht:
Klipp-klapp, klipp-klapp, klapperdi-klapp!

*Mit der anderen Hand Storch markieren, Daumen und
Finger auf- und zuklappen*

Das ist ein Specht, er macht:
Tab-tabb, tab-tabb, tabtabtab!

*Die eine Hand wächst als Baum senkrecht in die Höhe,
die andere Hand ist der Specht, der mit seinem gebogenen
Zeigefinger-Schnabel heftig am Baumstamm klopft, die
andern Finger biegen sich zur Handinnenseite und bilden
so den Kopf des Spechts.*

Das ist ein Reiher,
der heimfliegt zum Weiher.

*Die beiden Arme werden als Flügel ausgebreitet und in
langsamen Flügelschlägen bewegt sich der Reiher weg.*

Kleine Märchen

Hänsel und Gretel

Hänsel und Gretel,
die gingen in den Wald.
Es war so finster
und auch so bitter kalt.

*Mit Knete oder bunten Klebestreifen werden die
Fingerkuppen der beiden Zeigefinger beklebt. Die
Zeigefinger tippeln nun als Hänsel und Gretel
über den Tisch.*

Hänsel ging fort.
Gretel ging fort.

*Schnell versteckt sich die Hänsel-Hand hinter dem
Kopf und erscheint gleich wieder auf dem Tisch -
ohne buntes Fingerkäppchen. Dann passiert mit
Gretel das gleiche. Die Käppchen sind weggezau-
bert! Und was ist wirklich passiert? Anstelle der
Zeigefinger kommen die beiden Mittelfinger ins
Spiel. Die andern Finger bleiben in der Faust ver-
steckt.*

Hänsel kam wieder.
Gretel kam wieder.

*Mit schnellen Bewegungen eilen nacheinander
Hänsel und Gretel hinter den Kopf und erscheinen gleich wieder - diesmal aber mit ihren bunten
Käppchen. Also werden jetzt nicht die Mittelfinger, sondern die Zeigefinger vorgezeigt. Ein Zau-
berspiel, über das kleine Kinder jedesmal neu
staunen.*

Das Büblein auf dem Baum

Steigt ein Büblein auf den Baum,
ei, so hoch, man sieht es kaum.

*Zeigefinger und Mittelfinger der rechten Hand
klettern am linken Arm empor.*

Hüpft von Ast zu Ästchen

*Die beiden Finger hüpfen über die einzelnen
Finger der linken Hand.*

bis zum zum Vogelnestchen.
Hei, da lacht es!

*Zeigefinger schlüpft ins Nestchen und bewegt sich
zum Sprechen auf und ab.*

Hui, da kracht es!
Plumps, da liegt's im Gras
und blutet aus der Nas,
«ui, ui, ui, ui, ui!»

*Kind läßt sich auf den Boden fallen, hält sich die
Nase zu und heult.*

Der geheimnisvolle Schloßgarten

Da ist ein Schloß,

Mit den Händen ein Schloß in die Luft malen.

und das der Garten.

Die Arme vor dem Körper zu einem Kreis schließen.

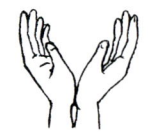

In dem Garten steht ein Baum.

Die Arme dicht aneinenanderlegen, die Finger als Äste ausstrecken.

Auf dem Baum ist ein Nest.

Beide Hände stellen ein rundes Nest dar.

In dem Nest liegt ein Ei.

Beide Hände umschließen ein Ei.

In dem Ei ist ein Dotter.

Durch die hohle Faust schauen.

In dem Dotter sitzt ein Hase,

Zeige- und Mittelfinger recken als Hasenohren in die Höhe, die andern Finger sind die Schnauze und beugen sich zur Handmitte, der Daumen hält sie fest.

der springt dir an die Nase!

Die Hasen-Hand springt dem Kind auf die Nase.

Beim Einkaufen und Kaffeetrinken

Ist der Hund da?

Das ist ein Spiel zu zweit. Der eine macht mit beiden Händen eine lange Nase, der andere ist Frau Meier und tippt auf den kleinen Finger am Ende der Nasentreppe, so als würde er an einer Hausglocke läuten: «Kling, kling!» Das Gespräch beginnt:

Erster:	Ja, wer ist da?
Zweiter:	Frau Meier!
Erster:	Was wünschen Sie?
Zweiter:	Ich hätte gern zehn Eier.
Erster:	Dann kommen Sie doch 'rauf.
Zweiter:	Ist denn der Hund nicht da?
Erster:	Nein, nein!

Nun steigt Frau Meier die Treppe hinauf, mit Zeigefinger und Mittelfinger klettert der Spieler über die lange Nasen-Treppe. Oben an der Nase angelangt können zwei Dinge passieren:

1. Der Hund ist doch da und der Spieler bellt laut "Wau, wau, wau!" Schnell rennt Frau Meier mit beiden Spiel-Fingern die lange Nasen-Treppe wieder zurück und probiert es gleich noch einmal, die Eier zu kaufen.

2. Oder Frau Meier hat Glück und bekommt ihre Eier. Dabei tupft der Spieler mit der Nase an den Zeigefinger von Frau Meier. Beim Bezahlen wiederum stupst Frau Maier mit ihrem Zeigefinger auf die Nase des andern Spielers.

Das Gespräch dazu verläuft so:

Erster: **Wieviel Eier möchten Sie?**

Zweiter: **Zehn Stück.**

Erster: **Hier haben Sie Ihre Eier.**
Eins, zwei, drei...

Zweiter: **Was kostet das?**

Erster: **Sechs Mark.**

Zweiter: **Eins, zwei, drei...**

Erster: **Auf Wiedersehn, Frau Meier!**

Frau Meier steigt wieder die Treppenstufen hinunter. Das Spiel ist deshalb so spannend, weil Frau Meier nie weiß, ob nun der Hund kommt und bellt, oder ob sie die Eier einkaufen kann.

In der Küche

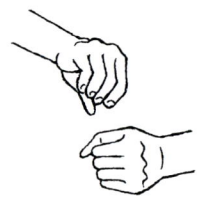

Wasser in den Topf,
Wasser in den Topf.

*Die eine Hand ist der Topf, die
andere Hand gießt Wasser hinein.*

Auf den Herd und Deckel drauf,
auf den Herd und Deckel drauf.

*Die Topf-Hand wird auf den Tisch gestellt, die
andere Hand kommt als Topfdeckel auf den Topf.*

Schnell, das Wasser kocht schon
gleich!
Ssssssssssssssssssssssssssss

*Den zugedeckten Hände-Topf ans Ohr
halten und horchen.*

Aufgießen!
Aufgießen!

*Jetzt ist die eine Hand die Kaffeekanne,
in die das heiße Wasser gefüllt wird.*

Kaffee trinken!
Kaffee trinken!

*Eine Hand wird zur Kaffeetasse, Kaffee
wird ausgeschenkt und genüßlich getrunken.*

Eine Mäuse-Geschichte

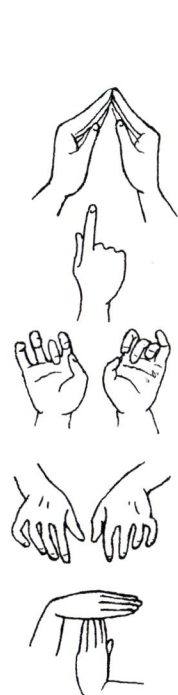

In unserem Häuschen

Beide Hände bilden ein Häuschen.

gibt's sehr viele Mäuschen.

Mit dem Finger drohen.

Sie kribbeln und krabbeln,

Alle Finger zappeln in der Luft.

sie zippeln und zappeln.

Alle Finger zappeln auf den Oberschenkeln oder auf dem Tisch.

Sie gehn auf den Tisch,

Mit beiden Händen einen Tisch darstellen.

auf Stühle,

Die beiden Hände sind ein Stuhl.

auf Bänke

Beide Hände sind eine Bank.

und in die Schränke.

Beide Hände zeigen einen Schrank.

Doch will man sie fangen,

Alle zehn Finger schnellen vor und wollen zupacken.

springen sie flink von dannen.

Hände verschwinden hinter dem Rücken.

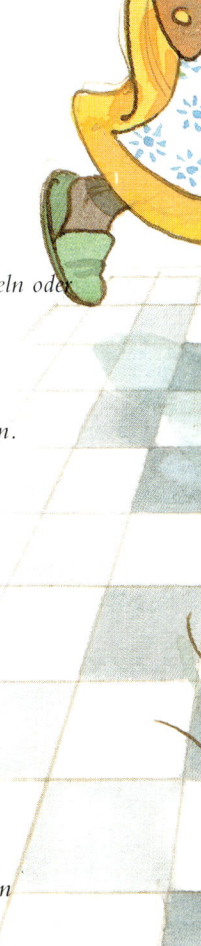

FINGER-THEATERSPIEL

Ein Fingertheater ist eine phantastisch praktische Sache und jederzeit «zur Hand». Wir können überall den Vorhang öffnen und die Schauspieler, unsere Finger, auftreten lassen, im Auto, im Zug, im Bett, beim Arzt. Wenn sich die Finger drehen, beugen, wenn sie zappeln oder hüpfen und wir ihnen eine Stimme verleihen, dann verwandeln sie sich in kleine Personen. Sie erzählen Geschichten, fragen, singen, tanzen, streiten, arbeiten.

Einfache Verkleidungen, siehe auch Seite 20, und Requisiten beleben das Fingertheater auf besondere Weise.

Mit Phantasie lassen sich fast alle Reime und Lieder, kleine Märchen und lustige Geschichten oder sogar Alltagserlebnisse der Kinder in ein Spiel umsetzen. Dabei muß der Text nicht unbedingt in Versform gesprochen werden. Ein freier Dialog ist genauso spannend.

Wir sollten den Kindern viel vorspielen, denn sie lernen ja durch Nachahmung. Ein Auswendiglernen der Spielstücke ist Unsinn. Die Kinder lernen von sich aus und sehr schnell, was ihnen gefällt.

Kurze Verse, Gespräche in festgefügter Form und einfache Inhalte bzw. Handlungsabläufe sind vor allem den kleineren Kindern eine Hilfe beim Sprechen und Spielen. Da muß nicht immer etwas Aufregendes passieren. Auch ein lustiger Kinderwitz oder eine vergnügte Sprachspielerei oder ein Rätsel sind bestens geeignet, als Bühnenstück im Fingertheater aufgeführt zu werden.

Theater in der Streichholzschachtel

Der Zeigefinger erhält mit Schminkstiften Augen, Nase und Mund – und schon ist daraus ein lustiger Kerl geworden, der den Zuschauern zunickt, seine Späße macht und die Kinder in Gespräche verwickelt. Lassen wir ihn jetzt in eine Streichholzschachtel schlüpfen, dann wird er Lieder singen, Geschichten erfinden, Quatsch machen. Sollte er übermütig werden, schieben wir kurzerhand die Schachtel zu. Wahrscheinlich singt der kleine Kerl auch noch in der Schachtel weiter.

Wenn er beim nächsten Mal seinen Freund mitbringt, dann ist was los! Mit einer hohen und einer tiefen Stimmlage reden und fragen und lachen die beiden miteinander – und die Kinder werden kichernd vor der kleinen Bühne sitzen und mitmachen.

Bühnenbau

Die «Schublade» der Streichholzschachtel wird herausgenommen und eine Schmalseite weggeschnitten. Für Kinderhände sollte die Schachtelhülle um 1 bis 2 cm gekürzt werden. Wer will, kann seine Theaterbühne bunt bekleben.

Die Finger sind die kleinen Schauspieler, sie können zu zweit auf der Bühne erscheinen, gerade richtig für ein lustiges Zwiegespräch. Die Gesichter werden mit Schminkstiften gemalt.

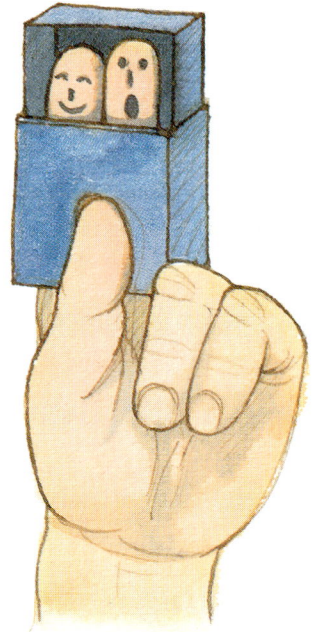

Lustige Gespräche

Na so was!

Erste: Wo kommst du her?
Zweite: Aus Hintertupfingen.
Erste: Oh, ich auch!
Na so was!
Beide kommen wir aus
Hintertupfingen.
Und wie heißt du?
Zweite: Emmi.
Erste: Oh, ich auch!
Na so was!
Beide kommen wir aus
Hintertupfingen
und heißen Emmi.
Und wie heißt dein
Mann?
Zweite: Franz.
Erste: Oh, je!
Na so was!
Beide kommen wir aus
Hintertupfingen
und heißen Emmi,
und unsere Männer
heißen Franz.
Na so was!

Seppel: Was?
Kasperl: Ein alter Has!
Seppel: Was?
Kasperl: Wenn's regnet wird's naß,
wenn's schneit, wird's weiß,
wenn's friert, wird's Eis.
Seppel: Was?
Kasperl: Ein Fuchs ist kein Has!
Seppel: Waaaaas?
Kasperl: Mensch, wasch dir die
Ohren!

Puppen werden lebendig

Vor Urzeiten war die Puppe ein Wesen mit magischen Kräften. Sie konnte Geister beschwören, Kranke heilen, Menschen verhexen und Kinder beschützen. Im Laufe der Zeit verlor sie diese Fähigkeiten und wurde zum beliebtesten Spielzeug der Mädchen. Aus der einfachen Holzpuppe wurde eine Puppe aus Tonerde, später aus Papiermaché, dann entstand die bewegliche Gliederpuppe aus Elfenbein, Porzellan, Wachs, Stoff… und schließlich die weinende, Mama-sprechende und in-die-Windel-machende Plastikpuppe. Ein langer Weg. Doch die Kinder können auch ein einfaches Stück Holz im Arm wiegen. Kraft ihrer Phantasie fehlen dem hölzernen Liebling weder Arme noch Beine, das Unvollkommene hat sich für sie in eine lebendige Schönheit verwandelt.

Etwas von dieser urtümlichen Kraft steckt noch in unserem «Wickelkind» und in der «Hexe», siehe Seite 46. Im Spiel erhalten beide Puppen ein besonderes Eigenleben, wirken echt und sehr lebendig. Das Wickelkind ist sanft und lieb, die Hexe gefährlich und angsteinflößend. Kaum zu glauben, daß ein und dieselbe Hand beide Rollen spielt.

Das Wickelkind

Die Verwandlung geht schnell: Der Arm ist der Körper, die Faust der Kopf. Eingepackt wird das Wickelkind in Stoffe, in Tücher oder Servietten, was eben gerade zur Hand ist. Mir gefallen die Wickelkinder am besten, deren Körper mit elastischer Binde im sogenannten Ährenverband umwickelt ist. Sie bekommen noch eine große, bunte Schleife um den Hals gebunden und eine Puppenmütze über den Kopf gezogen. Mit Fingerfarben, Wasserfarben oder Schminkfarben wird zum Schluß das Puppengesicht auf den Handrücken gemalt. Und schon kann das Spiel beginnen: Das Wickelkind zappelt, schaut neugierig umher, will schmusen, weint, beruhigt sich wieder, denn die Puppenmutter singt es in den Schlaf…

Das Wickelkind wird getröstet

Heile, heile Segen,
drei Tage Regen,
drei Tage Schnee,
dann tut's nicht mehr weh!
Heile, heile Kätzchen,
's Kätzchen hat vier Tätzchen,
und einen langen Schwanz,
morgen ist alles wieder ganz.

Schlaflied für das Wickelkind

Schlaf, Kindlein, schlaf,
der Vater hüt' die Schaf,
die Mutter schüttelt's Bäumelein,
da fällt herab ein Träumelein,
schlaf, Kindlein, schlaf.
Schlaf, Kindlein, schlaf,
am Himmel ziehn die Schaf,
die Sternlein sind die Lämmerlein,
der Mond, der ist das Schäferlein,
schlaf, Kindlein, schlaf.
Schlaf, Kindlein, schlaf,
so schenk ich dir ein Schaf,
mit einer gold'nen Schelle fein,
das soll dein Spielgeselle sein,
schlaf, Kindlein, schlaf.

Die Hexe kommt

Wie aufregend wird es für die Kinder, wenn die Hexe kommt und mit wilder Stimme ihre Hexensprüche aufsagt. Ist es eine böse oder eine gute Hexe? Das kommt ganz darauf an, welche Laune die Kinder ausspielen wollen.
Die Kinder lieben das «süße» Spiel mit der Angst. Wie gut, daß das Hexenzauberspiel nicht lange dauert, und immer wieder neu beginnen und variiert werden kann. Hexen darf man natürlich auch necken und narren und in verrückte Gespräche verwickeln.

Hexenverwandlung

Zwei kleine Münzen einzeln in Papierstückchen eindrehen und große, schwarze Pupillen aufmalen. Das sind die Hexenaugen, die frech in die Welt glotzen. Eine Hand zur Faust schließen. Den Daumen als Zunge zwischen Mittel- und Ringfinger hinausschieben. Die beiden Augen zwischen Zeige- und Mittelfinger stecken. Um die Faust ein Tuch knüpfen - fertig ist die Hexe. Schon huscht sie neugierig umher, will Kinder einfangen, reitet auf einem Besenstil, kichert, lockt, schimpft und singt lautstark ihre Zaubersprüche.

Alte Hexe,
Nummer sechse,
Nummer sieben,
hier geblieben!

Brix, brax, brex,
spring du kleine Hex!

Hixi-Hexi hinterm Hag,
nimm mir doch mein Schluckauf ab!

Hexe Minka,
Kater Pinka,
Vogel Fu,
raus bist du!

Es steht eine alte Wetterhex
im Regen und im Schnee.
Was woll'n wir ihr zum essen geben?
Zucker und Kaffee?
Nein, wir woll'n sie zum Teufel jagen!

Morgens früh um sechs,
kommt die kleine Hex.
Morgens früh um sieben,
schabt sie gelbe Rüben.
Morgens früh um acht,
ist Kaffee gemacht.
Morgens früh um neun,
geht sie in die Scheun.
Morgens früh um zehn,
holt sie Holz und Spän'.
Feuert an um elf,
kocht dann bis um zwölf,
Fröschchenbein und Krebs und Fisch.
Hurtig Kinder, kommt zu Tisch!

Bemalte Hände

Fabelwesen

Diesmal stellen wir den Kindern einfach ein paar Töpfe mit Fingerfarben oder Schminkfarben hin. Und schon verwandeln sich die kleinen Kinderhände in lustig bunte Fabelwesen oder sonderbare Tiere. Sie krabbeln über den Tisch, stellen ihre großen Finger-Ohren hoch, beginnen mit ihren gekrümmten Finger-Hörnern zu stoßen, sperren ihre Finger-Mäuler weit auf oder schütteln ihre wilde Finger-Mähne.

Das Spiel kann beginnen: Zwei Fabelwesen begegnen sich. Der eine fragt den andern: «Wer bist denn du?» Und der andere antwortet: «...» Ja, was wird er wohl sagen? Fragen wir die Kinder, die wissen es bestimmt.

Fingermännchen-Malerei

Mit Schminkstiften können die einzelnen Finger in kleine Spielfiguren verwandelt werden. Einfach auf die Fingerkuppen Augen, Nase und Mund zeichnen, obenauf kommen ein paar Wuschelhaarstriche – und schon steht der kleine Fingermann vor uns und zappelt hin und her. Er will nicht alleine Theater spielen. Also, malen wir ihm auf den nächsten Finger eine kleine Fingerfrau. Sie trägt noch einen hübschen Kragen und einen breiten Gürtel. Und wie soll das kleine Fingerkind aussehen? Das können die Kinder selber sagen.

Wenn wir das Gesicht auf die Fingernägel malen, sieht das besonders witzig aus. Allerdings sind die Fingerfiguren dann nicht so beweglich. Besser geht das Spiel, wenn die Gesichter auf der anderen Seite der Fingerkuppe aufgemalt werden. Dann können sich die kleinen Figuren nach vorne verneigen, sich in der Faust verstecken, schnell wieder hervorspringen und noch andere Zappelbewegungen machen.

Die bemalten Fingerfiguren können im Fingertheater als Familie auftreten (siehe Seite 10 und 11), oder als tanzende Kinder (siehe Seite 23), oder als die zwei Hampelmänner oder zehn Zappelmänner (siehe Seite 26 und 27), oder aber sie erzählen und spielen selbst erfundene, wundersame Geschichten, verrückte Abenteuer, Lügengeschichten und Zaubermärchen.

Finger-Pantomime

Finger–Pantomime ist ein Bewegungsspiel von Fingern und Händen. Es wird nicht gesprochen. Anstelle der Sprache erzählen die Hände mit ihren Bewegungen eine Geschichte. Dabei huschen die Finger über die kleine Bühne, zappeln aufgeregt, klopfen und poltern, kriechen ängstlich davon, krümmen sich vor Lachen, erschrecken und zucken hoch, zucken vor Schreck zusammen, erholen sich wieder, greifen an, sind wütend, streiten, schlagen und versöhnen sich, geben sich 'die Hand', streicheln und liebkosen sich, legen sich hin, kuscheln aneinander und schlafen vielleicht sogar ein.

An diese Art des Spiels muß man sich erst gewöhnen und ein bißchen üben. Doch dann kann sich daraus ein phantasievolles Spiel entwickeln.

Die Fingerpantomime wirkt auf die kleinen Zuschauer sehr beruhigend. Doch stellt das Spiel an Spieler und Zuschauer gleich hohe Ansprüche. Der Betrachter wird ebenso intensiv mitsehen, mitdenken und miterleben wie der Spieler. Deshalb sollte ein Fingerpantomimespiel nicht länger als drei, höchstens fünf Minuten dauern.

Die Bühne

Die Bühne kann eine Tischkante sein, ein über ein Wäscheseil gespanntes Tuch, eine Kasperltheaterbühne, ein Brett oder eine Sessellehne. Der Spieler sollte sich dahinter verstecken können. Am wichtigsten aber ist der Hintergrund: Ein dunkles, einfarbiges Tuch, aufgespannt oder aufgehängt. Das läßt die Bewegungen der Hände und Finger plastischer erscheinen.

Spiel ohne Musik

Wird ohne Musik gespielt, leben die Bewegungen von Phantasiebildern. Eine Knospe erblüht zur Blume, eine Schlange windet sich über den Boden, zwei Drachen kämpfen miteinander, Sommervögel gaukeln über die Wiese, es werden Berge hochgeklettert, Treppen bestiegen, Kirschen gepflückt…

Musik und Geräusche

Als Geräuschkulisse können selbstgebastelte Instrumente oder die Orff'-schen Instrumente eingesetzt werden. Interessant klingen Geräusche, die mit dem Kassettenrecorder aufgenommen wurden. Auch einfache Musikstücke auf Tonkassette sind für das Spiel geeignet, besonders gut klingt Harfenmusik.

Und was wird gespielt? Frei erfundene Klangmusik, Klangbänder oder Klangpunkte, ein buntes Tongemisch mit langen und kurzen Tönen, mit hohen und tiefen Klängen, spitze Töne, gedehnte Töne, geballte Töne, weiche Töne, harte Töne. Daraus ergibt sich für die spielenden Hände eine interessante Spielfolge mit geschüttelten, gespannten, fließenden, eckigen und runden Bewegungen.

Taschentuch–Kasperle

Wir knüpfen in eine Ecke eines alten, großen Taschentuches oder einer Serviette einen dicken Knoten, stülpen diesen über den Zeigefinger - und fertig ist das Taschentuch-Kasperle mit seiner lustigen Zipfelmütze. Wer will, kann mit Filzstiften ein Gesicht aufmalen. Soll das Kasperle auch Hände haben, wird das Taschentuch mit Gummiringen am Daumen und kleinen Finger festgehalten.

Stoff-Mariechen

Auch aus bunten Stoffresten können schnell und einfach Handpuppen gebastelt werden. Als Kopf nimmt man am besten ein altes Wollknäuel. In dieses Knäuel bohrt der Spieler seinen Zeigefinger so tief hinein, bis die Wolle auf dem Finger festsitzt. Dann wird ein Stück Stoff über das Knäuel gelegt und rund um den Zeigefinger mit einem Faden so zusammengerafft und verschnürt, daß der Spieler danach mit seinem Finger wieder herausrutschen kann. Die Haare der Spielpuppe sind Wollfäden, Pelzreste, Watte, Holzwolle oder Bast. Sie werden festgeklebt oder aufgenäht. Das Gesicht wird aufgemalt oder mit buntem Stickgarn aufgestickt. Schleifen, Kragen, Knöpfe, Zöpfe, Hüte, Halsketten, Federschmuck und anderes machen aus der Stoffpuppe eine einmalige und ganz besondere Spielfigur.

Zwei Gespensterchen,
tanzen vor dem Fensterchen,
flitzen durch die Luft,
verschwinden in der Gruft,
schweben übers Moor,
klopfen an das Tor,
reiten auf dem Schimmel,
hoch hinauf zum Himmel!

Hoppedihopp, der Hans ist da,
hoppedihopp, aus Afrika.
Hoppedihopp, er nimmt dich mit.
Hoppedihopp, ein kleines Stück.

Spiel mit Papier-Requisiten

Der Besen, der Besen,
was macht man damit?
Man fegt damit die Stube,
das macht man damit.
Der Rechen, der Rechen,
was macht man damit?
Man recht damit das Heu zusamm'n,
das macht man damit.
Der Spaten, der Spaten,
was macht man damit?
Man gräbt damit die Beete um,
das macht man damit.
Die Hacke, die Hacke,
was macht man damit?
Man hackt damit den Boden auf,
das macht man damit.

Taschentuch-Mäuschen

Aus einem Taschentuch kann man im Nu ein kuschelweiches Mäuschen falten. So eine Maus ist flink und huscht über Hände und Tische, flitzt in Hosentaschen, versteckt sich unter dem Tisch. Sie kann auch sprechen und Mäusegeschichten erzählen oder Mäuselieder singen. Manchmal pfeift sie sogar, und nachts schläft sie am liebsten unter Kopfkissen.

1. Tuch zu einem Dreieck zusammenlegen.
2. Die unteren Ecken zur Mitte legen, so daß die Spitzen etwas übereinanderliegen.
3. Von unten her bis zum Dreieck locker aufrollen.
4. Umdrehen, so daß die Rolle jetzt auf dem Tisch liegt.
5. Die beiden Seiten der Rolle nach oben zur Mitte führen und die Enden etwas übereinanderlegen. Dadurch entsteht aus der Rolle eine Art Ring.
6. Die oben herausragenden zwei Ecken nach unten führen und von unten her in den Ring stecken.
7. In der gleichen Richtung immer weiterdrehen und auf diese Weise die Rolle immer weiter umkrempeln.
8. So lange in derselben Richtung weiterdrehen und krempeln, bis an den Seiten der Rolle rechts und links zwei Zipfel zum Vorschein kommen.
9. Diese Zipfel nach außen ziehen. Der eine ist der Schwanz, der andere wird auseinandergestreift und quer zum Mauskörper wieder aufgerollt. Daraus wird der Kopf.
10. Die beiden Zipfel der kleinen Kopfrolle miteinander verknoten. Die Zipfel sehen jetzt wie kleine Mäuseöhrlein aus.

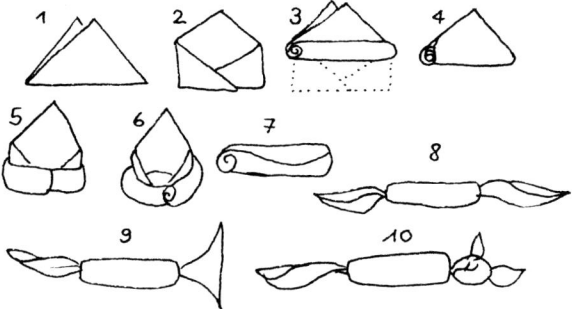

Maus- und Katzengeschichten

Der Regen fällt, der Wind tut wehn,
die Katze wollte mausen gehn.
Die Maus, die ist ins Loch geschlüpft
und kommt nicht mehr herausgehüpft.

Geige, geig ein Tänzchen,
die Katze hat ein Schwänzchen.
Die Katz hat 'ne Maus,
und jetzt ist's aus.

Leise, leise, leise,
die Maus geht auf die Reise,
da geht die Katz' ins Hühnerhaus
und jagt dort alle Hühner 'raus.

Katze: Mäuschen, Mäuschen,
was machst du in mein'm Häuschen?
Maus: Teller abschlecken und Käse essen.
Katze: Wer hat dir das erlaubt?
Maus: Niemand!
Katze: Und wenn ich dich fange?
Maus: Das kannst du nicht!
Das kannst du nicht!
Das Mausloch ist
zu klein für dich!

Gestrickte Fingerpüppchen

Aus bunten Wollresten entstehen die schönsten Fingerpüppchen fürs Fingertheater: Zwerge, Kasperle, Seppel, Großmuter, Gretel, König, Prinzessin, Seeräuber, Polizist, Katze, Hexe, Fee, Zauberer.

Diese Figuren sind für kleine Finger ideal, sie sitzen fest, rutschen nicht vom Finger, sind beweglich, und man kann die wildesten Spiele mit ihnen machen. Als Bühne reicht eine Stuhllehne, eine Tischkante, eine Bettdecke oder eine Schuhschachtel, in die wir ein Fenster einschneiden. Aber auch ohne Bühne kommen die kleinen Spielpüppchen gut zur Geltung.

Strickvers

Eine rechts,
eine links,
eine fallen lassen!

Das Strickmuster

Das Grundmuster ist einfach, es wird mit vier Nadeln zum Rundstricken gearbeitet. Wir schlagen 18 Maschen an, verteilen sie auf 3 Nadeln und stricken nun rundum, immer 1 Masche rechts und 1 Masche links. Die Körperhöhe des Püppchens richtet sich nach der Länge des Spielfingers. Für den Puppenkopf eine andere Wollfarbe nehmen und 12 Reihen glatt rechts weiterstricken. Abgenommen wird, indem fortlaufend immer zwei Maschen zusammengestrickt werden. Die letzte Masche mit dem Fadenende vernähen.

Den Kopf mit Watte locker ausstopfen. Nicht zu dick stopfen, sonst wird der Kopf zu schwer und wackelt beim Spiel hin und her. Am Hals einen Wollfaden durchziehen und abbinden. Gesicht aufsticken, Haare ebenfalls aufsticken oder anknüpfen. Was man sonst noch alles stricken oder häkeln kann: Mütze oder Hut, Gürtel, Schürze, Umhang, Mantel, Bart, Brille, Schleier, Krone, Flügel usw.

PAPIER-THEATER

Das Papiertheater hatte seine Blütezeit im 19. Jahrhundert. Die Spielzeugmodelle stimmten bis ins kleinste Detail mit den großen Bühnendarstellungen der Erwachsenenwelt überein. Die Figuren wurden oft von Künstlern gezeichnet, die extra die Theater besuchten, um sich Notizen über Kostüme und Szenerien zu machen. Diese Papier-Theater konnte man in Bilderbogen zum Anmalen, Ausschneiden und Zusammenstecken kaufen. Sie enthielten alle Darsteller, Dekorationen, Kulissen und Requisiten, die zu einem bestimmten Stück gehörten. Man konnte sogar die passenden Text-Bücher dazu kaufen, die in vereinfachter Form das Stück wiedergaben.

Ein Bericht aus dieser Zeit von Hubert Kaut: «... In magischem Licht rollt nun die Handlung, von den kleinen Figuren getragen, die von den größeren Kindern unsichtbar hinter der Bühne bewegt werden, ab, bis der Vorhang langsam fallend den ersten Akt beschließt... Wer das nicht selbst in seiner eigenen Kindheit erlebt hat, der kann diesen unnennbaren Zauber nicht nachempfinden. Tagelang vor einer Vorführung gab es unter den Geschwistern kein anderes Gespräch als die für den kommenden Sonntag angesetzte Theatervorstellung...»

Die Kinder der heutigen Zeit sind nüchterner geworden, denn wir leben in einer Zeit der bunten Bilderflut. Und doch - die Faszination eines kleinen Papiertheaters erfaßt auch unsere modernen, mediengewohnten Kinder. Sie sitzen mit leuchtenden Augen davor, staunen, wollen selber spielen und die Papierfigürchen lebendig werden lassen.

Kleine Papiertheater

Theater im Briefumschlag

Das ist das einfachste Papiertheater:
Ein Briefumschlag mit Sichtfenster!
Dabei die Seiten passend nach hinten
falten und diese kleine Bühne bunt
anmalen. Dann unten aufschneiden,
so daß die Spielfiguren in den Um-
schlag geschoben werden können
und im Sichtfenster erscheinen.

Kasperle-Spiel

Ei, ei, was guckt denn da heraus
aus diesem kleinen Kasperhaus?
Die Zipfelmütze sieht man da.
Der Kasper kommt und lacht: «Haha!»
Da kommt der Seppel angerannt,
hat ein Stück Kuchen in der Hand.
«Oh, Seppel, laß mich mal versuchen!»
sagt Kasper und beißt in den Kuchen.
Schnapp, schnapp macht er – o welch ein Schreck!
Das ganze Kuchenstück ist weg.
Der Seppel schimpft und rennt nach Haus,
und jetzt ist die Geschichte aus.
Ich klapp die Fensterläden zu,
da hat der Kasper seine Ruh'.

Zum Schluß den Vorhang wieder zuklappen. © Ruth Walter

Gefaltetes Kasperltheater

1. In ein quadratisches Papier ein Mittelkreuz falten, Papier wieder öffnen.

2. Die beiden oberen Ecken zur Mittellinie falten, so daß ein Hausdach entsteht.

3. Die untere Hälfte des Quadrats zur waagrechten Mittellinie hin falten.

4. Das Papierhaus wenden, die beiden Seiten zur senkrechten Mittellinie falten und mit Klebestreifen festkleben.

5. Die untere Faltkante des Hauses aufschneiden, so daß hier die Spielfiguren durchgeschoben werden können.

6. Die «Vorhänge» des Kasperltheaters nach außen klappen. Das Kasperhaus bunt anmalen oder bekleben.

7. Die Spielfiguren auf Papier zeichnen, bunt anmalen und auf Zahnstocher oder Kartonstreifen aufkleben oder mit durchsichtigem Klebestreifen befestigen. Mit diesem Führungsstab werden die Figuren hin und her bewegt.

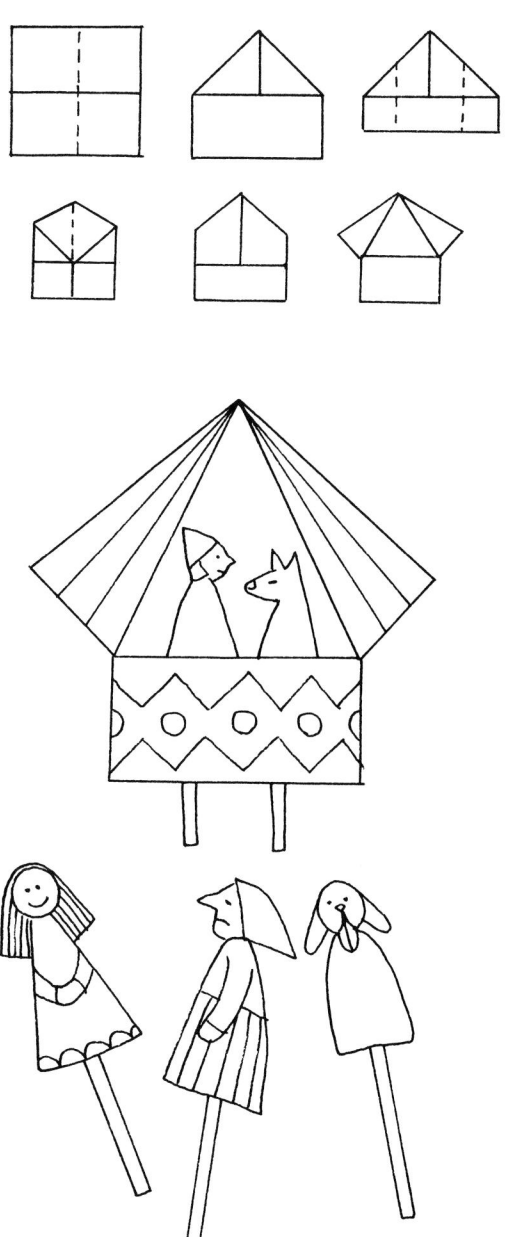

Schachtel-Theater

Im Schachtel-Theater werden Märchen lebendig. Hier reden Rotkäppchen und der Wolf miteinander, da tanzen Schneewittchen und die sieben Zwerge, die Prinzessin wirft den Froschkönig an die Wand, Sterntaler fallen vom Himmel, die sieben Raben ziehen vorbei, und Frau Holle schüttelt so heftig ihre Betten, daß die Federn bis zu den Zuschauern wirbeln.

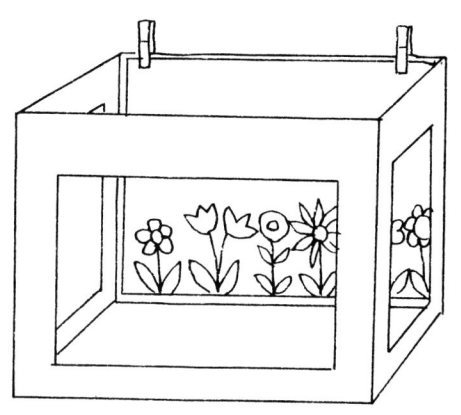

Die Theaterbühne

Die Bühne ist eine große Pappkartonschachtel. Zuerst ausprobieren, welche Seite als Bühnenvorderseite am besten geeignet ist. Diese Fläche wird so herausgeschnitten, daß ein Bühnenrahmen stehen bleibt, damit die Theater-Schachtel stabil bleibt.

An den Seiten rechts und links Öffnungen ausschneiden. Von hier kann der Spieler die Figuren und Kulissen auf der Bühne hin und her schieben. Das Theater bunt bemalen, oder mit Buntpapier, Stoffresten, Glitzerpapier, Borden, Spitzen und anderem bunten Krimskrams bekleben. Beim Spiel werden die Kulissen an der Rückwand der Theaterbühne einfach mit Wäscheklammern befestigt. Die Kulissen und Requisiten werden aus Papier oder Fotokarton gebastelt.

Die Spielfiguren

Die Spielfiguren auf festes Papier malen und ausschneiden. Starke Pappstreifen oder dünne, flache Holzleisten als Führungsstäbe nehmen und die Figuren so aufkleben, daß sie durch die seitlichen Öffnungen auf die Bühne geschoben werden können.

Kleine Spielfiguren

Diese einfachen Papierhütchen können Kinder allein anfertigen. Das Schnittmuster ist einfach:

1. Ein Eßteller mit einem Durchmesser von ca. 20cm ist das Maß. Er wird auf ein etwas festeres Papier, zum Beispiel Fotokarton, gelegt und mit einem Bleistift umfahren.
2. Dann diesen gezeichneten Tellerkreis ausschneiden.
3. Einmal zur Hälfte falten.
4. Noch einmal falten.
5. Die Scheibe wieder auseinanderlegen und entlang der Falzlinien in vier Teile schneiden. Daraus entstehen nun vier Papierhütchen.
6. Auf jedes Teil jeweils ein Gesicht und bunte Kleider aufmalen.
7. Eine der geraden Kanten mit Klebstoff bestreichen, einzeln wie eine spitze Tüte zusammenrollen und festkleben. Eventuell mit einer Wäscheklammer kurze Zeit festklemmen, bis der Klebstoff getrocknet ist.
8. Wollhaare und Wollbärte geben den Figuren ein lustiges Aussehen.
9. Wer will, kann auch einzelne Kleidungsstücke aus Papier, Stoff, Filz, Bast, Federn und anderen Bastelmaterialien aufkleben. So erhält die Gretel ihre Schürze, der Jäger seinen Gürtel, der Zauberer seinen Mantel, der Seppel seinen Schal, der König seine Krone, die Fee ihren Schleier und die Hexe ihr großes Kopftuch.
10. Übrigens: Auch Tiere können auf diese Weise gebastelt werden. Ein Löwe bekommt dann seine Mähne, die Katze ihren Schnurrbart, der Hase seine langen Ohren und der Elefant sogar seinen Rüssel.

Das wundert mich sehr!

Spieler
zwei Hasen: Daumen
zwei Kröten: Zeigefinger
zwei Krähen: Mittelfinger
zwei Schweine: Ringfinger
zwei Frösche: Kleine Finger

Hasen: **Es tun zwei Hasen miteinander grasen.**

Kröten: **Es tun zwei Kröten miteinander flöten.**

Krähen: **Es tun zwei Krähen miteinader mähen.**

Schweine: **Es knüpfen zwei Schweine zusammen eine Leine.**

Frösche: **Es waschen zwei Frösche zusammen große Wäsche.**

Das wundert mich sehr:
Daß die Hasen können grasen,
daß die Kröten können flöten,
daß die Krähen können mähen,
daß die Schweine knüpfen Leine,
daß die Frösche waschen Wäsche.

Nacheinander erscheinen die Tiere und erzählen mit unterschiedlichen Stimmen, was sie können. Beim Schlußteil tanzen alle miteinader im Kreis, mal links herum, mal rechts herum.

Papierröllchen spielen Theater

Dieses Modell wird wie das Papierhütchen bemalt und beklebt. Es fehlt nur die Spitze. Stattdessen wird aus Papier eine Kopfbedeckung angefertigt. Das können Hüte sein oder eine Krone oder Hasenohren oder eine Mähne oder Hörner oder ... Was eben für das Spiel gebraucht wird.

Papiertiere

Ja, wer kommt denn da an der Tischkante dahergehüpft? Es ist der kleine Hase, seine langen Ohren wackeln hin und her. Und da kommt auch die kleine Ente angewackelt, ab und zu streckt sie ihr Schwänzchen in die Höh'. Achtung, der Fuchs schleicht hinterher! Ob er die beiden erwischt?

Nein – sie haben noch mal Glück gehabt und sind rechtzeitig unter dem Tisch verschwunden.

Diese kleinen Papiertiere sind schnell gemacht und so einfach, daß die Kinder sie selber basteln können. Die Schnittmuster auf dieser Seite haben sich bewährt. Weil die Spieltiere aus Papier sind, haben sie keine lange Lebensdauer. Doch man kann sie auch aus Filz ausschneiden und zusammennähen oder zusammenkleben, dann halten sie länger.

Die Tiere werden auf Papier gezeichnet, doppelt ausgeschnitten, angemalt und rundum am Rand aufeinandergeklebt. Nur unten muß man ein Loch freilassen, damit der Spielfinger hineinschlüpfen kann. Wer will, kann die Kanten der Papiertiere noch mit durchsichtigem Klebestreifen außen herum verstärken.

Spielverse

Spieler
Kind: rechter Zeigefinger
Zicklein: linker Zeigefinger

Zicklein, Zicklein, komm zu mir,
Salz zum Lecken geb' ich dir.

Kind lockt Zicklein, gibt ihm Salz zum Lecken.

Spieler
Hahn: auf dem rechten Zeigefinger
Huhn: auf dem linken Zeigefinger
Ei: in der Faust versteckt

Hahn: **Kikerikiiiir,
morgens um vier!**

Der Hahn verneigt sich und streckt beim Krähen seinen Hals weit in die Höhe.

Huhn: **Gackeragei,
das Huhn legt ein Ei!**

Das Huhn verneigt sich beim Sprechen und läßt zum Schluß das Silberpapier-Ei fallen.

Spieler
Hase: rechte Zeigefinger
Drei Kinder: auf der linken Hand

Ringel, Ringel, Reihe,
wir sind der Kinder dreie,
der Has sitzt hinterm
Hollerbusch,
die Kinder rufen:
Husch, husch, husch!

Am Schluß verjagen die Kinder den Hasen.

Schnecken-Figur

Der Körper der Schnecke wird aus einem etwas festeren Papier oder Fotokarton ausgeschnitten. Mit einer dicken Stopfnadel die beiden Löcher bohren, einen Gummifaden durchziehen und eine kleine Schlaufe knüpfen, die um den Zeigefinger des Spielers paßt.

Das Schneckenhaus besteht aus einem etwa 25 cm langen, dünnen Pappstreifen, der zuerst bemalt wird, bevor er dann um einen Rundstab, zum Beispiel ein Bleistift oder ein Kochlöffelstiel, fest aufgerollt wird. So formt sich der Papierstreifen zur Spirale, das ist das Schneckenhaus. Es wird am äußeren Ende auf den Schneckenkörper aufgeklebt.

Auf gleiche Weise können Schmetterlinge, Bienen, Hummeln, Marienkäfer, Maikäfer und andere Phantasie-Krabbeltiere gebastelt werden. Sie haben alle die gleiche Körperform, werden mit einem Gummiband auf den Zeigerfinger des Spielers geklemmt und erhalten Flügel aus feinem Seiden- oder Tranparentpapier.

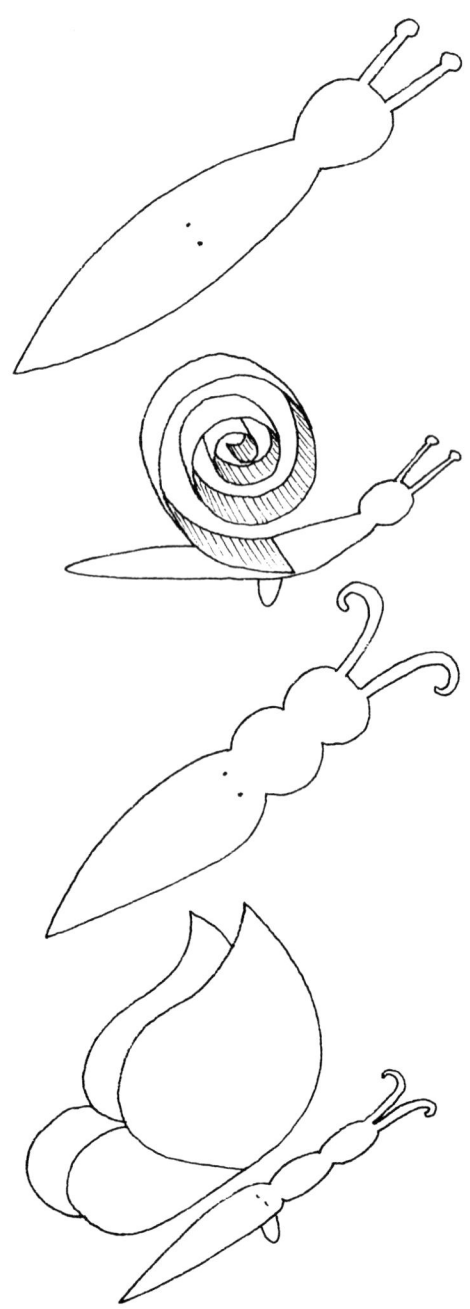

Schnecken-Theater

Welch ein putzig Tierlein,
ist doch so ein Schneck',
Schneck', Schneck',
trägt sein eignes Häuschen,
auf dem Rücken weg, weg, weg!

Schneck', Schneck', komm heraus,
strecke deine Fühler aus,
hier in meinem Garten,
laß mich nicht mehr warten!

Ich fahr', ich fahr', ich fahr' mit der Post,
fahr mit der Schneckenpost,
die mich kein' Kreuzer kost,
ich fahr', ich fahr', ich fahr' mit der Post.

Alles aus Pappe

Pappkartons, Papierrollen und Wellpappe eignen sich bestens zum Gestalten und Spielen. Daraus entstehen Häuser, Burgen oder Fantasiepaläste; Ritterrüstungen, Roboteranzüge oder Marsmenschen-Verkleidungen; Autos, Flugzeuge oder Raketen; Drachen, Dinosaurier und andere Ungeheuer oder die Arche Noah, wie sie auf der Seite 72 zu sehen ist.

Raumbilder

Besonders aufregend sind die großen Raumbilder, die die Kinder aus vielen Kartons oder meterlanger Wellpappe gestalten können. Was läßt sich nicht alles auf so eine graue Pappe bannen: Eine Marslandschaft, ein Märchenwald, Urwaldtiere, ein ganzes Zwergenvolk, Schlösser und Burgen, eine große Zirkus-Arena, die Wüste, ein Gebirge, eine Unterwasserwelt, eine Großstadt mit Wolkenkratzern, eine riesengroße Technikanlage…

Es dauert nicht lange, und die Kinder spielen in diesen Kulissen die schönsten Theaterspiele: Kleine Geschichten oder Begebenheiten aus dem Alltag, Verse, Spiellieder, Kinderwitze, Märchen…

Die Spiele entstehen meistens spontan, und die Kinder versuchen, mit Worten, mit Pantomimespiel oder sogar mit Gesang und Tanz das darzustellen und auszudrücken, was sie beschäftigt, bewegt, betroffen macht, ängstigt … oder ihnen einfach Spaß macht! Die Kinder können in ihre selbstgeschaffenen Bilder eindringen, hinein- und hinausschlüpfen, sich verkriechen oder sich zur Schau stellen.

Was man sonst noch braucht

Zur Bearbeitung von Pappe und Wellpappe braucht man Schere, Papier- oder Teppichmesser, Klebstoff, Holzleisten, Klebebänder, Locher, Hefter, Klammern, Schnüre. Zum Bemalen eignet sich Dispersionsfarbe am besten. Doch kann man die Kulissen, Bilder und Wände auch mit Stoff oder anderen Papieren bekleben.

Arche Noah

Da gab es für die Kinder viel zu tun, bis die Arche Noah und alles, was dazu gehört, fertig gebaut war. Drei Nachmittage dauerte der Kulissenbau. Der Anfang war eine große, lange Wellpapperolle. Sie wurde zuerst weiß grundiert. Praktisch war dafür ein Roller, mit dem die Farbe schnell aufgetragen wurde. Dann malten die Kinder mit dicken Pinseln und violetter Farbe an einer besonderen Stelle dieser Kulissenrolle die Umrisse der Arche auf. Die Türe und ein paar Bullaugen wurden gleich mit dem Papiermesser aufgeschnitten.

Jetzt kam das Umfeld an die Reihe. Jedes Kind übernahm einen Abschnitt der Kulissenrolle und malte Tiere darauf, die brav hintereinander zur Arche wanderten. Da kamen Schlangen, Giraffen, Äffchen, Schnecken, Schmetterlinge, Elefanten und Enten daher, aber auch Sonnenblumen standen dabei und eine große Sonne leuchtete aus einer Ecke. So wollten es die Kinder.

Diese Kulissenrolle konnte nun immer wieder anders aufgestellt werden, mal als Schnecke, mal im großen Kreis, mal leicht gewellt, mal mit vielen Kurven. So wurde gespielt: Der Spielleiter erzählte die Geschichte von Noah und seiner Arche. Die Kinder suchten sich vorher aus der Kleiderkiste passende Verkleidungen und spielten dann pantomimisch mit, was der Erzähler gerade berichtete.

Ungetüm, Drache oder Fabelwesen...

… das ist hier die Frage! Jedenfalls läßt sich mit diesem Gebilde das «süße Spiel mit der Angst» herrlich treiben. Denn das Ungetüm mit dem großen Maul kann die Kinder richtig auffressen.

Damit es auch unheimlich aussieht, hatten die Kinder dieses Tier grün grundiert und anschließend bunt verziert. Es bekam zudem große Glotzaugen, breite Ohren und viele Haare aufgemalt. Dann wurde es aufgestellt und mit Klebestreifen zusammengehalten.

Das Auffressen ging so: Im Maul des Ungetüms kniete ein Kind und hielt mit seinen Händen die großen Zähne fest. Auf ein bestimmtes Stichwort hin klappte es das Riesengebiß nach oben, so daß ein anderes Kind ins Maul steigen konnte, also richtig gefressen wurde und im Schlund verschwand.

Die Kinder fabulierten eigene Geschichten dazu. Eine war fürchterlicher und schrecklicher als die andere! Prinzessinnen, die auf der Waldwiese tanzten, verschwanden spurlos, später jedoch gelang es tapferen Prinzen, sie zu befreien...

SCHATTENSPIELE

Licht und Schatten faszinieren schon die kleinen Kinder. Sie freuen sich am Schatten der tanzenden Baumblätter, die die Sonne an die Hauswand wirft. Sie bewundern den schräg einfallenden Lichtstrahl im dunklen Zimmer, der durch eine Ritze des Fensterladens dringt. Sie staunen, wenn mit dem Schattenspiel der Hände Tiere und bewegliche Figuren an die Wand gezaubert werden.

Doch Schatten wirken auf Kinder nicht nur erheiternd, sie können auch erschrecken, unheimlich sein, etwas Magisches ausstrahlen. Viele Kinder haben Angst vor dem Einschlafen, weil sich am Fußende des Bettes ein Schattentier verbirgt oder ein dunkles Schatten-Ungeheuer neben der Tür des Kinderzimmers ins Unermeßliche wächst.

Mit dem Schatten spielen heißt auch, dieses Unbekannte, Ungeheuerliche, Magische in den Griff zu bekommen, mit ihm vertraut zu werden.

Schattenspiele sind mit dem Pantomimespiel verwandt, denn auch sie werden meistens stumm gespielt. Der Schatten wirkt durch seinen Umriß und seine Bewegung, dazu erscheint er flächig, körperlos und geheimnisvoll.

Schattenspiele mit der Sonne

Schattenfangen

Weglaufen, um sich wieder fangen zu lassen, gehört zu den frühesten und immer wiederkehrenden Formen des Kinderspiels. Die einfachen Fangspiele sind immer zugleich Neckspiele. Beim Schattenfangen wird jedoch nicht mehr der Körper berührt, sondern nur noch der Schatten.

Die kleinen Kinder empfinden den Schatten meistens noch als Teil ihres Wesens. Sie winken ihrem Schatten begeistert zu und rennen lachend ihrem eigenen Schatten nach.

Bei den älteren Kindern wird daraus das Schattenfangen, das sie mit gleicher Begeisterung spielen. Sie machen dabei die verrücktesten Verrenkungen, Dehnungen und Sprünge, um dem Spielfreund das Schattenfangen zu erschweren. Dabei erfinden sie immer wieder neue Spielregeln.

Verrückte Schattenbilder

Mit den Schatten können die lustigsten Formen und Wesen an die Wand gezaubert werden. Kaum zu glauben, wie sich Arm, Hand, Kopf, Nase oder Finger durch das Schattenbild verwandeln und in Form und Aussehen verzerrt werden. Es ist etwas Phantasie nötig, um die Schattenbilder zu deuten. Doch den Kindern fällt das nicht schwer. Sie sehen immer wieder neue Gestalten, wollen das Spiel endlos wiederholen und immer wieder abwandeln.

Vielleicht entdecken die Kinder selbst, daß man auch gemeinsam Schattenfiguren darstellen kann. Dabei entstehen die aufregendsten Fabelwesen, zum Beispiel mit einem Kopf und sechs Armen, oder mit drei Beinen, drei Köpfen aber nur vier Armen, da gibt es wilde Drachenköpfe oder zappelnde Rieseninsekten. Und das Ausprobieren und Erfinden und Gestalten nimmt kein Ende!

Handschattenspiel von damals

In alten Spielbüchern sind oft Vorlagen für Schattenspiele mit der Hand abgebildet. Es sind Tiere aller Art zu sehen, die mit den Ohren wackeln können oder die Schnauze bewegen, oder Menschen, die im Profil gezeigt werden und ihren Mund beim Sprechen bewegen können. Alles sieht täuschend echt und lebendig aus.

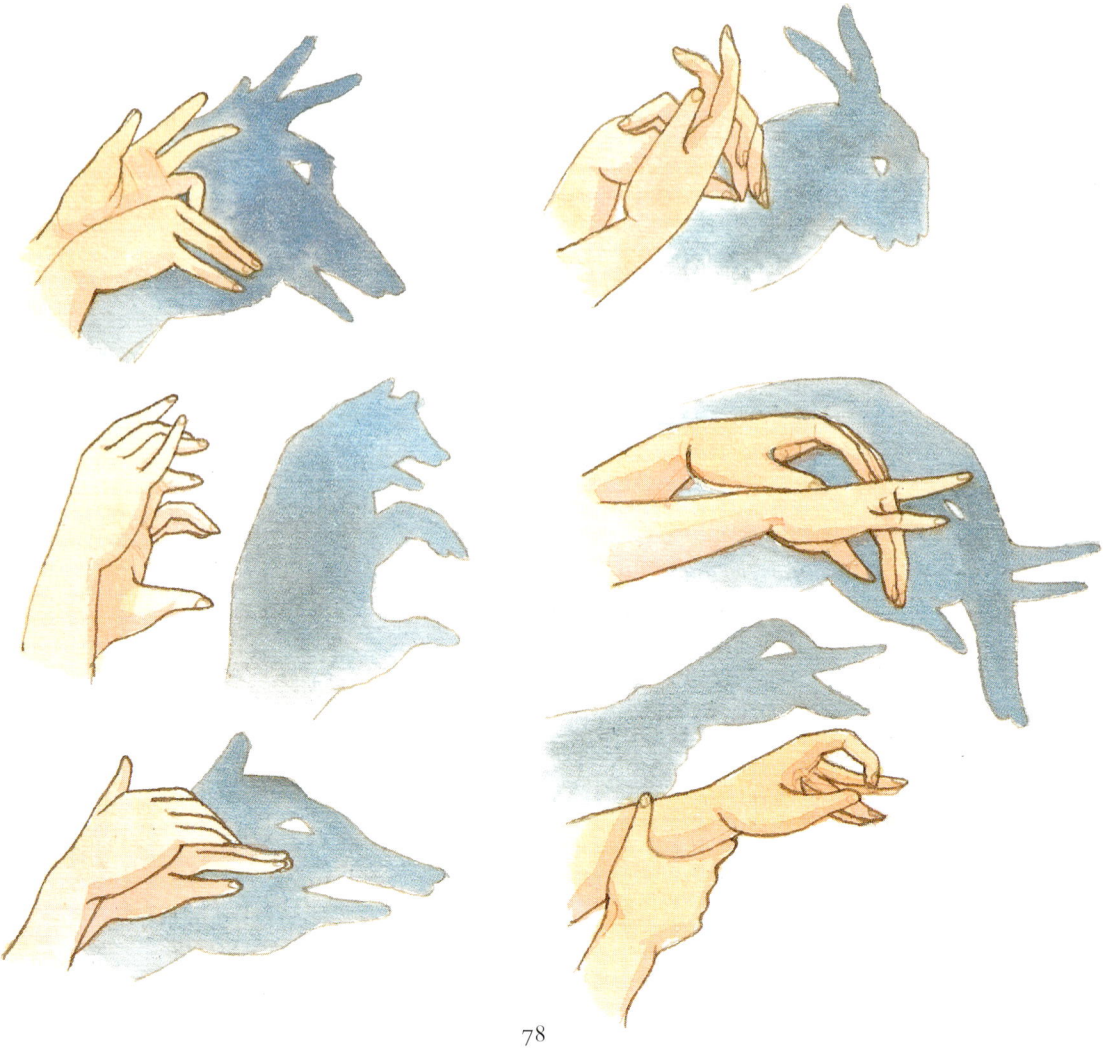

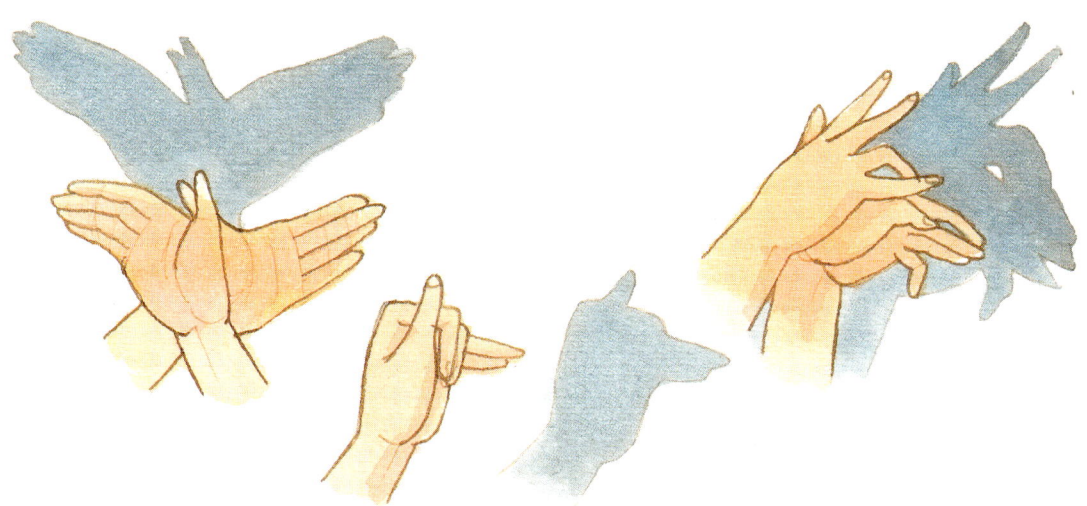

Diese Schattenfiguren wurden alle erfunden und mit großer Sorgfalt erarbeitet. Henry Brusill beschreibt seine Arbeit so: «Ich schätze, daß ich meine Finger Hunderten von Proben unterzog, bis endlich mein *Vogel* seine beweglichen Flügel erhielt… Natürlich können Schattenspiele nicht auf Anhieb klappen; aber ich hoffe, in jedem Fall die Fingerstellung so sorgfältig wiedergegeben zu haben, daß auch die schwierigste Gestalt nach einigen Minuten dargestellt werden kann. Mit etwas Erfindungsgabe und Geduld können neue Schattenspiele entstehen. Oft entsteht Neues so unerwartet, daß man es sich nicht einmal im Traum hätte einfallen lassen.»

Und wenn dann die Schatten an der Wand lebendig werden, und lachen, reden, singen, bellen, miauen, quieken, pfeifen oder piepsen, dann heißt es *Licht an!* und das kleine Schattentheaterspiel kann beginnen.

Finger-Schattenfiguren

Während sich das Schattentheater vor mehreren hundert Jahren in der asiatischen Welt zu einer hohen Spielkunst entwickelte, blieb es in Europa lange Zeit unbekannt. Es war ein Missionar, der vor 250 Jahren dieses Schattenspiel von China nach Europa mitbrachte. So kam das erste Schattentheater erst 1825 in Wien heraus. Gleichzeitig mit dem Papiertheater eroberte es bald die Kinderspielwelt und hatte auch eine Bühne, Kulissen und bewegliche und unbewegliche Figuren. Zur selben Zeit war auch die Kunst der Scherenschnitte und Porträt-Silhouetten beliebt.

Was liegt näher, als diese Kunstformen miteinander zu verknüpfen: Porträt-Silhouette, Hand-Schattentheater und Papierfiguren!

Die Profile sind einfach herzustellen. Auf schwarzes Papier wird ein Kopf gezeichnet, beim Hals kommt eine breite Manschette dazu, alles wird ausgeschnitten, die Manschette zum Ring zusammengeklebt und über die Fingerkuppe geschoben.

Als Bühne genügt ein aufgespanntes helles Tuch, auch ein Taschentuch. Die Lichtquelle kann eine Schreibtisch- oder Nachttischlampe sein.

Und was wird gespielt? All die Reime, Lieder, Verse, Sprüche, Geschichten und Märchen, die den Kindern am besten gefallen.

Stabfiguren

Im Schattentheater kommen die Figuren am besten zur Geltung, wenn ihre charakteristischen Merkmale übertrieben dargestellt werden, zum Beispiel große Augen, dicke Nasen, lange Schnauzen, breite Hüte, mächtige Kronen. Die Flachfiguren werden aus dunklem, etwas festerem Papier ausgeschnitten. Als Material eignet sich Tonpapier oder Fotokarton. Diese Figuren werden an Führungsstäben befestigt, das können Holzstäbchen, feste Kartonstreifen oder kurze, dicke Blumendrähte sein.

Die Bühne ist ein dünnes Tuch, das gut gespannt werden muß, damit die Figuren nicht wellig und unklar auf der Leinwand erscheinen.

Die Lichtquelle kann eine Schreibtischlampe sein, ein Scheinwerfer oder ein Diaprojektor. Das Licht muß über den Kopf des Puppenspielers hinweg, von rechts oder von links, auf die Leinwand strahlen.

Je näher der Spieler die Figur an die Leinwand hält, desto schärfer sind die Konturen der Figur zu sehen.

Sie werden von den Spielern von unten oder von der Seite her geführt, entsprechend sind die Führungsstäbe anzubringen.

Die Schattenfiguren können auch durchbrochen gestaltet und mit Transparentpapier oder Farbfolien beklebt werden. Dann erscheinen sie auf der Schattenwand bunt. Die Wirkung ist verblüffend.

Und gespielt werden Märchen, Geschichten, Gereimtes und Un-gereimtes, auch Lieder und Tänze können aufgeführt werden.

Kinder-Schatten-Spiel

In den Türrahmen wird ein Leintuch gespannt und in einiger Entfernung eine strake Lampe aufgestellt, ein Strahler oder ein Diaprojektor. Das ist alles, was man für die Schattenbühne braucht. Der Zuschauerraum sollte verdunkelt sein, damit man die Schatten auf der Leinwand besser sehen kann. Und die Schattenfiguren sind diesmal die Kinder selbst. Sie verkleiden sich mit Tüchern, viel zu großen Kleidern, Schleifen und Hüten. Sie nehmen normale Haushaltsgegenstände als Requisiten, die im Schattenbild kaum mehr zu erkennen sind. Und im Spiel ahmen sie auf lustige Weise verschiedene Berufe nach, stellen bekannte Märchen und Geschichten dar, spielen eine lustige Begebenheit oder einen Kinderwitz, einen Streich oder sonst eine Dummheit vor. Kinder spielen auch gerne Alltagsszenen, zum Beispiel Lernen in der Schule, Flöte üben, beim Abtrocknen, Wäsche waschen und aufhängen, einen Boxkampf, einen Tanz oder einen Umzug der Musikkapelle.

Schattentheater wird normalerweise stumm gespielt. Doch oft ist es für die Spieler eine Hilfe, wenn Musik oder Geräusche eingesetzt werden, siehe dazu auch Seite 51. Es kann aber auch vor der Schattenwand ein Erzähler sitzen und die Geschichte, das Märchen oder eine aufregende Begebenheit den Zuschauern erzählen, oder einen Streich oder Witz kommentieren. Die Schattenspieler setzen das Gesagte immer gleich in die Tat um.

FRECHE VERSE

Die frechen Verse und die unanständigen Ausdrücke nehmen im Alltag der Kinder einen größeren Raum ein, als die Erwachsenen vielleicht glauben. Ich finde es angebracht, in einem Buch zum Thema «Sprechen und Spielen» diesem Phänomen nachzugehen. Dabei ist es gar nicht so einfach, diese frechen Verse zu erfahren. Denn die Kinder erzählen sie nur unter ihresgleichen. Sie stecken die Köpfe zusammen, flüstern und kichern, lachen schließlich laut heraus und schauen triumphierend zu den Erwachsenen, die außerhalb der Runde stehen, nichts hören und verstehen. Nur manchmal verraten sie ihre unanständigen Sprüche einem Erwachsenen.

Ich konnte darum nur meine Töchter befragen und die Kinder von guten Bekannten. Die Kinder zögerten etwas, genierten sich fast und erzählten mir schließlich grinsend ihre unanständigen Verse. So sind die Beispiele eher zufällig zusammengekommen, geben aber dennoch einen erstaunlichen Einblick in diese Kindergeheimnisse.

Unanständig oder was?

Wo haben die Kinder diese Verse her? Wo lernen sie solche Ausdrücke? Meistens schnappen sie diese Sprüche von älteren Kindern auf, hören sie auf der Straße, aber auch von Bekannten und Verwandten. Witzigerweise helfen Großmütter oft beim Weitertragen dieser Verse und erzählen sie ihren Enkelkindern. Vielleicht, um in den Kreis der *Verschworenen* Einzug zu halten?

Doch wie soll man sich verhalten, wenn das Kind mit einer unanständigen Redensart heimkommt? Soll man sich aufregen, ärgern, entsetzen? Soll man darüber lachen? Soll man diese Verse verbieten?

Es ist gut, um die Existenz dieser Verse zu wissen, denn sie zirkulieren, ob es uns Erwachsenen gefällt oder nicht. Sie sind da. Mit Verbieten erreichen wir nur, daß sie den Kindern erst recht interessant und noch begehrenswerter erscheinen.

Zum besseren Verständnis der Kinder möchte ich die Motive und Hintergründe aufzeigen, die Kinder veranlassen, solche Verse zu sagen. Dieses Wissen gibt uns Gelassenheit, sie zur Kenntnis zu nehmen als das, was sie wirklich sind: Eine Stufe im kindlichen Entwicklungsprozeß. Ertragen wir sie mit Humor und Verständnis, wenn sie auftauchen.

Aber es ist wirklich nicht nötig, als Erwachsener Kindern solche Verse beizubringen. Die Kinder sorgen schon selbst dafür, daß diese poetische Gattung nicht ausstirbt.

Die sogenannten unanständigen Verse haben meistens Sexualthemen zum Inhalt, man könnte sie deshalb Sexualreime nennen. Sehr beliebt sind bei Kindern die unanständigen Abzählverse. Davon gibt es eine Menge. Diese Sexualreime sind garniert mit Wörtern wie Scheiße, Furz, Pisse usw. Solche Wörter auszusprechen, finden Kinder mit fünf, sechs oder sieben Jahren wonnig. Das kommt daher, daß sie sich einerseits zu alt fühlen, um – wie es die Wickelkinder tun, wenn keiner aufpaßt – noch mit dem eigenen Kot zu spielen. Doch wenigstens verbal mit derben und verbotenen Ausdrücken zu spielen, aufzutrumpfen und anzugeben, das macht Spaß. Da fühlen sie sich groß und stark.

Sexualverse enthalten ein gutes Stück Aggression und lösen beim Gebrauch unter den Kindern auch solche aus. Kinder verwenden sie als Neck- oder Schmährufe, tragen damit verbal ihre Streitkämpfe aus, versuchen die Erwachsenen mit verbotenen Ausdrücken zu schockieren. Vielleicht wollen sie sich damit auch zum Teil gegenseitig aufklären. oder wenigstens den andern deutlich zu verstehen geben, wieviel sie schon wissen. Kinder spielen mit diesen Sprüchen, gebrauchen sie als Ventil, um aufgestaute Gefühle abzulassen. Bedenkenswert erscheint mir auch das Phänomen, daß anscheinend gerade diese Aggressionsgefühle, diese Gedanken, Beobachtungen, Wünsche und Phantasien um Sexuelles unsere Kinder zum Dichten und Verseschmieden anregen.

Ich habe beim Sammeln und Zusammentragen neuer Reime und Verse nirgends so viele Neuschöpfungen entdeckt, wie gerade hier bei den Sexualreimen. Deshalb frage ich mich, ob in unseren Kindergärten, Schulen und Familien nicht durch die Pflege einer *stubenreinen* Sprache, einer starken Abneigung gegenüber frechen Sprüchen und einem Verbot der unanständigen Ausdrücke die kindliche Sprache steril und unschöpferisch gemacht wurde.

Der Begriff Sexualität muß in diesem Zusammenhang weit gefaßt werden. Dazu gehören zum Beispiel auch alle Lustgefühle des Kindes. Viele Sexualverse haben zudem Inhalte aus der Sauberkeitsentwicklung oder Begriffe, die mit den Ausscheidungsfunktionen des Körpers zu tun haben. Das Ausstoßen, Hergeben, Zurückhalten, Verweigern oder gewaltsame Hervorbringen von etwas, das inwendig ein Teil des eigenen Körpers ist, löst seelische Prozesse aus, die für die spätere Entwicklung des Menschen wichtig sind. Die Kinder haben ihre eigene Art und Weise gefunden, dies zu verarbeiten.

Ein Vers aus dem Poesiealbum meiner Tochter:

> Lebe glücklich,
> lebe froh,
> wie ein Furz
> im Haferstroh!

Abzählverse – ganz schön unanständig

Acke, Backe, Hühnerkacke,
ene, mene, Maus,
und du bist raus.

Eine kleine Mickymaus,
zog ihre Hosen aus,
zog sie wieder an,
und du bist dran.

Eine kleine Mickymaus
streckt den Arsch zum Fenster raus,
kriegt ihn nimmer rein,
und du mußt's sein.

Drei Polizisten,
pißten in die Kisten,
einer pißt vorbei,
und du bist frei.

Fledermaus
über'm Haus,
zieht dem …
Name des Kindes
die Hosen aus.

Ene mene mopel,
wer frißt Popel?
Süß und saftig,
für eine Mark achtzig,
eine Mark und zehn,
und du kannst gehn.

Ene mene muh,
und wie heißt du?
Kind sagt seinen Namen
… hat ins Bett geschissen,
grade aufs Paradekissen.
Mutter hat's gesehn,
und du darfst gehn.

Ene mene mente
lokum, tokum tente,
karabuti karabuti
witsch watsch ab drum.

Leute ärgern

Marianne hat 'nen Floh
am Popo.
Weiß nicht wo.
Krabbelt so!

Urs, Furz
Küchenschurz!

Bubengestank
macht Mädchen krank!

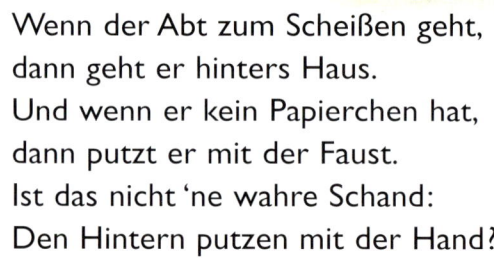

Wenn der Abt zum Scheißen geht,
dann geht er hinters Haus.
Und wenn er kein Papierchen hat,
dann putzt er mit der Faust.
Ist das nicht 'ne wahre Schand:
Den Hintern putzen mit der Hand?

Denke nicht gedacht zu haben,
denn das Denken der Gedanken
ist gedankenlosenloses Denken.
Wenn du denkst, du denkst,
dann denkst du nur du denkst,
denn denken tust du nie.

Ene, mene, meck,
der Vater scheißt ins Bett,
die Mutter sitzt daneben,
die Kinder bleiben kleben.

Der Pfarrer von Genf,
der badet in Senf.
Da kommt ein Krokodil
und beißt ihn ins Ventil.

Auf dem Klavier
steht ein Glas Bier,
wer daraus trinkt,
der stinkt.

Weißt du was?
Deine Hose ist naß!
Dein Popo ist ganz trocken,
das kommt von den Haferflocken.

Wenn mancher Mann wüßte,
wer mancher Mann wär,
tät mancher Mann manchem Mann
manchmal mehr Ehr.
Weil mancher Mann nicht weiß,
wer mancher Mann ist,
drum mancher Mann
manchen Mann
manchmal vergißt.

Der Papier-Riese brüllt

Da steht er, der große Riese. Er wirkt stark und mächtig! Wer hinter dieses Riesenbild schaut, entdeckt das Geheimnis: Der Spieler steht auf einer Leiter und streckt seinen Kopf durch ein großes Loch im Bild. Dieses ist genau da, wo der Riese seinen eigenen Kopf hätte. Für die andern sieht es aus, als wäre dieser Riese lebendig, denn er kann laut lachen und fürchterliche Grimassen schneiden und brüllen und mit seiner dröhnenden Riesenstimme all das sagen, was sich sonst keiner getraut!

Dieses Rollenspiel macht vor allem den kleinen Kindern Spaß. Einmal so richtig groß und stark sein, das ist toll!

Gebaut wird der Riese aus Pappe oder Wellpappe und an der Decke oder an einem anderen sicheren Gestell aufgehängt. Hinter der Riesenkulisse ist ein Tisch oder eine stabile Leiter aufgestellt. Wer jetzt Riese sein will, der klettert hinauf und schaut zum Guckloch der Kulisse hinaus. Auf der andern Seite stehen die Zuschauer und warten darauf, mit welchen Riesenspäßen der Riese diesmal aufwartet.

Riesenspiele

Wer macht die fürchterlichsten Grimassen?
Wer schielt am besten?
Wer schreit am lautesten?
Wer weiß die stärksten Kraftausdrücke?
Wer singt ein Lied mit Unsinn-Text?
Wer erfindet einen Quatsch-Reim?
Wer erzählt einen riesenwitzigen Witz?

Riesen-Unterhaltung

Riese: Ich ging mal in die Stadt.

Mitspieler: Ich auch.

Riese: Da kam ich an einem Laden vorbei.

Mitspieler: Ich auch.

Riese: Da kaufte ich Käse.

Mitspieler: Ich auch.

Riese: Der stank fürchterlich.

Mitspieler: ....!

Der Mitspieler muß immer «Ich auch» sagen.
Ob er am Schluß der Unterhaltung aufpaßt?

95

Riesen-Quatsch-Lieder

O Tannenbaum, o Tannenbaum,
wir rot sind deine Tomaten.
Du blühst nicht nur zur Winterzeit,
nein auch im Sommer, wenn es schneit!
O Tannenbaum, o Tannenbaum,
wir rot sind deine Tomaten!

   O Weihnachtsmann, o Weihnachtsmann,
   wie stark ist deine Brille.
   Und wenn du uns verhauen willst,
   dann halten wir nicht stille.
   O Weihnachtsmann, o Weihnachtsmann.
   jetzt geht das Lied von vorne an.

O Apfelbaum, o Apfelbaum,
wir kommen deine Äpfel klaun.
Du blühst nicht nur zur Sommerszeit,
nein auch im Winter, wenn es schneit,
o Apfelbaum, o Apfelbaum,
du läßt dir deine Äpfel klaun.

   O Straßenbahn, o Straßenbahn,
   wie kurz ist deine Strecke,
   und wenn wir mit dir fahren wolln,
   dann fährst du um die Ecke.
   O Straßenbahn, o Straßenbahn,
   wie kurz ist deine Strecke.

Dort oben auf dem Berge,
da steht 'ne dumme Kuh,
daneben steht noch eine,
und das bist du.

Dort oben, auf dem Berge,
da steht ein Soldat,
der wäscht sich die Ohren
mit Kartoffelsalat.

Dort oben auf dem Berge,
da steht ein Chinese,
der leckt sich die Füße
und meint, es sei Käse.

Am Brunnen vor dem Tore,
da steht ein Birnenbaum,
er trägt so süße Äpfel,
man sieht die Zwetschgen kaum.

Alle Jahre wieder,
auf dem Schulhausplatz,
streiten sich die Lehrer,
um 'ne Flasche Schnaps.

Schlaf, Kindlein, schlaf,
dein Vater ist ein Schaf,
deine Mutter ist ein Trampeltier,
was kann das arme Kind dafür!
Schlaf, Kindlein, schlaf.

Was denkst denn du?!

Eines Tages verlieren die unanständigen Sprüche und Sexualreime ihren Reiz. Das Interesse der Kinder am Aufsagen dieser frechen Verse verflacht, viel spannender ist es jetzt, mit den Gedanken und Gefühlen der Erwachsenen zu spielen, sie zu ärgern, zu reizen. Lachend beobachten die Kinder, wie der Erwachsene zuerst erschreckt reagiert, dann merkt, wie er auf einen Spaß hereingefallen ist, und wie er sich schließlich ertappt fühlt, weil er selber so unanständige Sachen denkt … denn die Kinder haben ja gar nichts gesagt! Dazu diese altbekannten Beispiele:

Scheint die Sonne so warm,
nehm ich Papier untern Arm.
Scheint die Sonne so heiß,
setz ich mich hin und schei…nt die
Sonne so warm,
nehm ich Papier untern Arm…

Kann endlos wiederholt werden.

Der Pfarrer von Häsigen
hat einen saumäßigen
haarigen, filzigen…
Rand an sein'm Hut

Rosen, Nelken und Narzissen,
wie ist das Leben so
besch…eiden eingerichtet,
sagt Herr Barsch
und setzt sich auf seinen kugelrunden Ar…beitstisch.
Ich möchte mir das Hemd vom Leibe reißen
und mitten in die Stube
schei…nt der Mond.

Eine Dame, ganz in Weiß,
ging Schlittschuhfahren auf dem Eis.
Die Musik spielte eine Marsch,
plumps, da lag sie auf dem
singen:
A…lle Vögel sind schon da,
alle Vögel, alle,
Amsel, Drossel, Fink und Meise,
und die ganze Vogelsch…ar.
Alle Vögel sind schon da,
alle Vögel alle.

KLATSCHEN UND PATSCHEN

Klatschspiele sind in vielen Ländern anzutreffen. Sie machen den Kindern großen Spaß. Dabei sind sie gar nicht so einfach. Die Kinder müssen sich sehr konzentrieren, um den Bewegungsablauf mit beiden Händen oder mit dem Spielpartner gegengleich auszuführen. Die Klatschverse sind deshalb auch eine Geschicklichkeitsübung. Wer den Kindern dabei zuschaut, wird staunen, wie flink sie dabei sind, wie sie immer wieder neu den Vers beginnen und dabei schneller und schneller werden.

Leider sind heute viele der volkstümlichen Klatschverse verloren gegangen, es gibt nur noch ganz wenige. Doch macht es den Kindern auch Spaß, selbst Reime zu erfinden und sich neue, lustige und ungewöhnliche Klatschbewegungen dazu auszudenken.

Und so geht es

Hier eine Zusammenstellung der verschiedenen Klatschformen und der dazugehörigen Kurzzeichen:

‖ In die eigenen Hände klatschen.

= Die Partner klatschen mit beiden Händen in die Hände des andern.

↖ Die Partner klatschen jeweils mit ihren rechten Händen übers Kreuz zusammen.

↗ Die Partner klatschen jeweils mit ihren linken Händen übers Kreuz zusammen.

⏝ Mit beiden Händen auf die Oberschenkel patschen.

⏝ Mit der rechten Hand auf den Schenkel patschen.

⏝ Mit der linken Hand auf den Schenkel patschen.

◉ Beide Arme mit etwas Abstand waagrecht übereinanderhalten und die Hände rasch im Kreis drehen.

Allein zu klatschen

Klatschen, klatschen,
Hand in Hand,
klettern, klettern
an der Wand,

Alle Finger krabbeln an der Wand oder in der Luft hoch.

drehen immer g'schwinder,

Mit den Fäusten drehen.

still sind alle Kinder.

Arm steif gestreckt an den Körper halten.

Ringel, Rangel, Ratze,
wir tanzen mit der Katze.

Im Wechsel klatschen und patschen, dabei immer schneller werden.

Da kommt der Hund gelaufen

Mit den Füßen auf den Boden stampfen.

und rennt uns über'n Haufen.

Mit den Händen drehen.

Im Pferdeschritt

Jeder für sich allein

♩ ‖ ♩ ‖ Im Pferdeschritt,
♩ ‖ ♩ ‖ im Pferdeschritt,
♩ ‖ ♩ ‖ kommt jeder mit,
♩ ‖ ♩ ‖ kommt jeder mit,
♩ ♩ im Trap, im Trap,
♩ ♩ geht's auf und ab,
♩ ‖ ♩ doch schnell, hopp, hopp,
♩ ‖ ♩ doch schnell, hopp, hopp,
(♫ ♩ ♫ ♩) *Gegen Ende des Verses schneller werden*
‖ ♩ ‖ ♩ im Galopp,
‖ ♩ ‖ ♩ im Galopp.

Zu zweit

‖↖‖↗‖ = Ein alter Posthalter,
‖↖‖↗‖ = von siebzig Jahr Alter,
‖↖‖↗‖ = wollt einst mit zwei Pferden
‖↖‖↗‖ = nach Korsika fahren.
‖↖‖↗‖ = Die Pferde, die Pferde,

Jetzt wird das Spiel schneller

‖↖‖↗‖ = die liefen im Trab
            und warfen den alten
⊚   Posthalter ab.

Klatschspiele zu zweit

‖=‖= Die Gartentür ist offen,

‖=‖ die Gartentür ist zu.

‖=‖= Ich habe dich getroffen,

‖=‖ wie heißt denn du?

=‖=‖ Scheren schleifen,

=‖=‖ Scheren schleifen

=‖=‖ ist die beste Kunst.

↖↗↖↗ Wer dies nicht kann,

↖↗↖↗ wer das nicht kann,

Das Spiel wird schneller .

↖↗↖↗ der ist ein dummer Hampelmann.

Bei «Hampelmann» verschränken beide Partner schnell ihre Arme vor der Brust. Sieger ist, wem das zuerst gelingt.

Oh muni muni mei makka - roni vitschi dei vitschi

dei dei dei papa - gei - ei - ei.

Paarweise zu spielen:		*Variante:*	
♩♩ ‖=‖ Oh muni muni mei		♩♩ ‖↖↗ Oh muni muni mei	
♩♩ ‖=‖ makkaroni vitschi dei		♩♩ ‖↖↗ makkaroni vitschi dei	
♩♩ ‖=‖ vitschi dei dei dei		♩♩ ‖↖↗ vitschi dei dei dei	
♩♩ ‖‖ == papagei ei ei.		♩♩ ‖ == papagei ei ei.	

Klatsch-Tanz

Der Sandmann ist da, der Sandmann ist da, er hat so schönen

wei-ßen Sand und streut ihn übers gan-ze Land, der Sandmann ist da.

Die Kinder bilden eine Gasse. Sie stellen sich in zwei gleichlangen Reihen gegenüber. Alle singen und klatschen dabei in ihre Hände. Zu dieser schwungvollen Begleitmusik tanzt das äußerste Paar, also die ersten beiden, die sich gegenüberstehen. Sie fassen sich an den Händen, hüpfen im Seitgalopp durch die Gasse und stellen sich am anderen Ende der Reihe wieder auf. Das nächste Paar tanzt hinterher. So geht es immer weiter.

Im Gänsemarsch und Hexenschritt

Es gibt Schreitspiele, Hüpfspiele, Marschspiele, Flechtspiele in vielen Varianten. Die einfachsten Spielformen und Verse dazu entstehen in der Familie, wenn das kleine Kind versucht, seine ersten Schritte zu machen. Hand in Hand wandern Mutter und Kind, oder die Großen mit den Kleinen, mit vorsichtigen kleinen Schritten durch das Zimmer:

> Ich bin ein kleiner Pumpernickel,
> ich bin ein kleiner Bär,
> und wenn ich erst mal laufen kann,
> dann lauf ich hinterher.

Wen wundert es, daß die Marschverse in den Gegenden, wo Fastnacht besonders eifrig gefeiert wird, noch heute zu finden sind. Sie werden zur Narrenzeit bei den Umzügen getrommelt und gepfiffen, und nach diesem Rhythmus marschieren die Narren durch die Straßen. Das steckt sogar die Zuschauer an.

Beliebt sind diese Verse bei Kindern, wenn sie einen langen Spaziergang machen und die Füße müde geworden sind. Die Marschverse machen wieder munter.

Zu zweit verknäuelt

Die Schrittarten der volkstümlichen Marschverse sind erstaunlich phantasievoll, die Wortinhalte dagegen unbedeutend, manchmal ohne Sinn. Die Verse leben vom Rhythmus und dem Zusammenspiel von Bewegung und Wort. Dabei stehen die Kinder zu zweit nebeneinander und fassen sich an den Händen, oder gehen zu mehreren in einer Reihe hintereinander und haben die Hände auf die Hüften oder Schultern des Vordermannes gelegt. Dann singen oder sprechen, leiern oder brüllen sie einen Vers im Sprechchor und ziehen im Gleichschritt los. Auf ein bestimmtes Wort hin bleiben alle ruckartig stehen, oder drehen um, oder machen andere lustige Bewegungen. So geht es immer weiter.

Die Kinder stehen zu zweit nebeneinander und reichen sich übers Kreuz die Hände. So marschieren sie im Rhythmus des Liedes los. Bei «... so kehren wir wieder um» wenden die Kinder plötzlich, ohne die Hände loszulassen, und gehen in die entgegengesetzten Richtung weiter.

Komm wir wol - len wan - de - ren, von ei - ner Stadt zur an - de - ren, und

wenn Kai - ser Kö - nig kommt, so keh - ren wir wie - der um!

Kutschenfahrt

Ri-ra-rutsch,
wir fahren mit der Kutsch',
wir fahren mit der Schneckenpost,
die uns keinen Kreuzer kost'.
Ri-ra-rutsch,
wir fahren mit der Kutsch.
Ri-ra-rum,
da kehrt die Kutsche um.

Auch hier wird bei «... da kehrt die Kutsche um» schnell gedreht und in die andere Richtung weitermarschiert.

Im Gleichschritt – marsch – marsch

Wenn die Kinder zum Spazierengehen oder Wandern zu müde sind, keine Lust mehr zum Gehen haben und lieber trödeln und stehenbleiben wollen, dann wirken diese Marschverse Wunder! Die Kinder marschieren zu zweit oder alle nebeneinander, die Hände können dabei auf den Schultern der Nachbarn liegen. Hauptsache – im Gleichschritt geht es weiter. Dabei kommen die Kinder richtig in Schwung. Das Spiel wird noch amüsanter, wenn das Tempo immer verändert wird und einmal mit hoher, einmal mit tiefer Stimme gesprochen, gesungen, gebrüllt oder geflüstert wird.

Im Wanderschritt

Laufen, laufen,
ich geh' mein Kind verkaufen.
Laufen, laufen,
was kann ich dafür kaufen?
Himbeermarmelade,
Himbeermarmelade,
Erdbeermarmelade,
Erdbeermarmelade,
usw.

Laufen, laufen, Eiscrem verkaufen.
Laufen, laufen, Würstchen verkaufen.
Laufen, laufen, Bonbons verkaufen.
Laufen, laufen, … verkaufen.

Ich wollt', ich wär' ein Huhn,
dann hätt' ich nichts zu tun,
am Vormittag legt' ich ein Ei,
nachmittags hätt' ich frei.
Ich müßte niemals in die Schul',
ich wär recht dämlich, aber cool.
Ich wollt ich wär' ein Huhn…

von vorne beginnen

Eisgekühlte Limonade,
Limonade eisgekühlt,
eisgekühlte Limonade,
Limonade eisgekühlt.
Und dazu ein belegtes Brot
mit Schinken,
ein belegtes Brot mit Ei,
das sind zwei belegte Brote,
eins mit Schinken, eins mit Ei.
Und dazu:
Eisgekühlte Limonade…

von vorne beginnen

Im Gänsemarsch

Die Kinder stellen sich hintereinander auf und halten sich an den Schultern oder Hüften fest. Je nach Laune wird gesprochen oder in einer Leiermelodie gesungen und dazu in kleinen Schritten vorwärtsmarschiert. Dabei kann auch laut gestampft werden. Dieses Stampfen kann von einem Nachwippen des Standbeines begleitet sein, in einen Hüpfer auswachsen, mit Seitwärts-Austippen verbunden werden oder mit einem Schlußsprung enden.

Es gibt Gänsemarschspiele, da ziehen die Kinder endlos in der selben Richtung weiter, und andere, da bleiben alle auf ein bestimmtes Wort hin stehen, um dann in eine andere Richtung weiterzuwandern.

Oder am Ende eines Verses oder Liedes rennt das letzte Kind der Reihe nach vorne an die Spitze, oder das vordere Kind nach hinten an den Schluß der Kette.

Marschverse

Wir reisen nach Jerusalem,
und wer soll mit?
Die Katze mit dem langen Schwanz,
ja die soll mit!

Herr Schmidt, Herr Schmidt,
was bringt die Jule mit?
Herr Schmidt, Herr Schmidt,
was bringt die Jule mit?
Ein' Schleier und ein' Federhut,
das steht der Jule gar so gut!
Herr Schmidt, Herr Schmidt,
das bringt die Jule mit!

Stehen – Gehen – Rennen

Wir sagen's dem Bauern,
stehend einen Ausfallschritt nach links
wir sagen's dem Bauern,
stehend einen Ausfallschritt nach rechts
dem Bauer woll'n wir's sagen.
Normal vorwärts gehen.

Wir sagen's dem Pfarrer,
wir sagen's dem Pfarrer,
dem Pfarrer woll'n wir's sagen.
Wir sagen's dem Richter,
wir sagen's dem Richter,
dem Richter woll'n wir's sagen.

Wir sagen's dem Schulzen,
wir sagen's dem Schulzen,
dem Schulzen woll'n wir's sagen.

Wir sagen's dem Lehrer…
Wir sagen's dem…
usw.

Schluß:
Wir läuten die Glocke,
wir läuten die Glocke,
die Glocke läutet Stuuuurm!
Alle Kinder stürmen schreiend auseinander.

Wir sagen's dem Bauern,   wir   sagen's dem Bauern,   dem Bauern woll'n wir's sagen.

Eisenbahn-Spiel

Das ist eine beliebte Form des Gänsemarsch-Spiels. Die Kinder stellen sich hintereinander auf und *fahren* als Lokomotive mit vielen Wagen los. Dabei stampfen sie mit den Füßen fest auf den Boden.

Die kleineren Kinder halten sich gerne an den Schulten fest und gehen dicht aneinander im Gleichschritt vorwärts.

Die größeren Kinder können sich auch an den Ellbogen des Vordermannes festhalten und mit kreisenden Armbewegungen das Drehen der Räder nach- ahmen. Weil die Kinder ebenfalls dicht hintereinander stehen und im Gleich- schritt marschieren, werden auch die *Räder* der Lokomotive im gleichen Schwung fahren, drehen und kreisen.

Die Dampflok braucht lange, bis sie
losfährt, da sprechen und spielen alle
Kinder mit:

Helft mir, helft mir,
helft mir…

langsam sprechen und bewegen

'S fährt schon, 's fährt schon,
's fährt schon…

allmählich schneller werden

'S geht schon besser
's geht schon besser,
's geht schon besser…

immer schneller sprechen

Tschü, tschü, tschü, tschü…

jetzt fährt die Lokomotive los

Auf der Eisenbahn,
steht ein schwarzer Mann,
der macht Feuer an,
daß man fahren kann.
Kinder, Kinder, stellt euch an,
wir fahren mit der Eisenbahn.
Tsch - tsch - tsch - !

Hexenschritt

Zwei bis sechs Kinder stehen in einer Reihe nebeneinander und halten sich an den Schultern oder Hüften umschlungen. Dann geht es los im Hexenschritt: Alle gehen einen Schritt vorwärts, und zwar zuerst schräg rechts, dann schräg links, immer im Wechsel. Weil die Kinder gleichzeitig und mit dem gleichen Fuß diesen Schritt machen, müssen alle beim Schrittwechsel von rechts nach links ihren Fuß über den des Nachbarn setzen. Dieses *kreuzweise Durcheinander* gibt dem Schritt den Namen *Hexenschritt*. Um im Gleichschritt zu bleiben, sagen alle den Hexenvers auf.

Hexenverse

Im Hexenschritt,
im Hexenschritt,
gehn alle mit,
gehn alle mit,
im Teufelstritt,
im Teufelstritt,
kommt jeder mit,
kommt jeder mit.

Hokus, Pokus, Fidibus,
Fliegenbein und Spinnenfuß,
Rabenkrächzen, Eulenschrei,
jetzt ist die Hexerei vorbei.

Indianerschritt

Indianer, so heißt es, können stundenlang gehen, ohne zu ermüden. Der Trick dabei ist dieser: Sie verlagern ihr Körpergewicht beim Gehen auf ein Bein und belasten dadurch dieses mehr als das andere. Nach einiger Zeit verlagern sie ihr Gewicht auf das andere Bein. So wechseln sie immer wieder ab. Ähnlich geht es im folgenden Spiel zu:

Die Kinder stellen einen Fuß auf den Gehsteigrand oder auf ein niedriges Mäuerchen. Beim Vorwärtsgehen verlagern sie das Gewicht auf das *obere* Bein, es entsteht dabei eine Art Hinkeschritt.

Wenn die Kinder diese Gehtechnik beherrschen, können sie den Indianerschritt auch mitten auf dem Weg machen, also ohne Gehsteigkante. Das sieht lustig aus, wenn so eine schwankende Kinderreihe daherkommt.

Eins zwei drei

Und eins und zwei
und drei und vier
und fünf und sechs
und sieben und acht
und neun und zehn.
Alle Kinder bleiben stehn.

Zuerst marschieren alle Kinder im Indianerschritt
vorwärts, dann bleiben sie stehen.

Vorwärts,

Das nicht belastete Bein wird nach vorn gestreckt.

rückwärts,

Das Bein wird nach hinten gestreckt.

seitwärts,

Das Bein wird zur Seite gestreckt.

ran.

Beide Beine stehen wieder nebeneinander, jetzt
wird das Körpergewicht auf das andere Bein
verlagert, und das Spiel beginnt wieder von vorne.

Flechtkette

Die Flechtkette ist eine alte Spielform und war früher überall in Europa verbreitet. Leider geriet sie in Vergessenheit, nur noch Kinderlieder erinnern an dieses Spiel. Die Spielregel ist diese:

Fünf oder mehr Kinder stellen sich in einer Reihe auf und fassen sich an den Händen. Das erste Kind nimmt seinen Arm hoch und faßt an einen Baumstamm, einen Pfosten oder eine Wand und bildet so ein Tor. Das letzte Kind am Ende der Reihe wandert nun singend durch dieses Tor und zieht alle anderen hinter sich her. Wenn alle Kinder wieder nebeneinander auf ihrem Platz stehen, steht das erste Kind mit gekreuzten Armen und entgegengesetzter Blickrichtung da. Das Spiel wird wiederholt, allerdings halten diesmal der erste und zweite Spieler die Arme hoch und alle Kinder schlüpfen dort hindurch. Das geht so weiter, bis der «Faden», also die Kinderreihe, geflochten und vernäht ist.

Dann kann das ganze Spiel wieder rückwärts gehen und die Fadenkette wird entflochten. Oder die Reihe schließt sich zum Kreis.

Die Kinder singen zum Flechten:

Stich und zieh, stich und zieh, Fa – den, Fa – den reiß mir nie!

Die Kinder bilden am Schluß mit gekreuzten Armen einen Kreis. Sie sagen:

«Zick zack, Siegellack,
wer los läßt ist ein Affenjack!»

Mit den Armen wird so lange hin- und hergezerrt, bis der «Faden» an einer Stelle reißt.

Verflochten und Verwoben

Dieses Spiel ist eine Variante des Flechtspiels von Seite 122 und 123. Die Kinder halten sich an den Händen und stellen sich hufeisenförmig auf. Jetzt wird geflochten, genäht und verwoben: Die Kinder in der Mitte des Bogens strecken ihre Arme zu einem Tor in die Höhe. Singend ziehen nun die Kinder an den beiden Enden der Reihe durch das Tor und gehen wieder an ihren alten Platz zurück. Die andern wandern hinterher. Durch diese *Verflechtung* werden die beiden Torkinder nach außen gedreht, ihre Arme sind verschränkt. Als nächstes wandern die Kinder hintereinander durch das zweite Tor und so weiter, bis jede Hälfte *geflochten* ist und alle Kinder mit verschränkten Armen dastehen. Zum Schluß schließen die Kinder vorsichtig den eng gewordenen Kreis. Und wieder wird versucht, mit heftigem Hin- und Herzerren, diesen Kreis zu zerreißen. Die Kinder rufen dazu:

Scheren schleifen,
Scheren schleifen,
eins, zwei, reiß!

Schnei - der - lein, Schnei - der - lein hopp, hopp, hopp. Näh mir auch ein'n

neu - en Rock, bis ich zäh - le eins, zwei, drei, muß das Röck - lein fer - tig sein!

Nachweis Verse, Reime und Lieder

Ein Großteil der in diesem Buch enthaltenden Verse und Lieder sind Volksgut. Folgende Verse, Reime und Lieder stammen von Susanne Stöcklin-Meier.

Ravensburger®

Weitere Bücher mit wertvollen Anregungen für Eltern und Erzieher.

Susanne Stöcklin-Meier
Sprechen und Spielen
Fingerspiele, Klatschlieder und Handspiel-Geschichten. Rätsel, Reime und Verse sind die idealen Spielformen zur Förderung der sprachlichen und feinmotorischen Gewandtheit.
ISBN 3-473-**37357-5**

Susanne Stöcklin-Meier
Naturspielzeug
Mit diesen Spiel- und Bastelideen wird Natur für Kinder mit allen Sinnen be-greifbar. Zusätzliche Verse, Rätsel und Geschichten regen Fantasie und Entdecker-freude an.
ISBN 3-473-**37356-7**

Ursula Rücker-Vogler
Bewegen und Entspannen
Bei Bewegungs- und Gleich-gewichtsspielen, Fantasiereisen und Entspannungsübungen lernen Kinder allein oder in der Gruppe sich und ihren Körper besser kennen.
ISBN 3-473-**37355-9**

Bertrun Jeitner-Hartmann
Das große Buch der Kinderbeschäftigung
Das erfolgreiche Standardwerk in aktueller Überarbeitung. Durch die praktische Einteilung nach Altersgruppen sind die Be-schäftigungsideen zu allen wich-tigen Themen sofort verfügbar.
ISBN 3-473-**37351-6**

Susanne Stöcklin-Meier
Falten und Spielen
Durch einfaches Falten entstehen aus Papier die tollsten Sachen. Darüber hinaus geben Verse, Lieder und Geschichten Anre-gungen zum weiteren Spielen, Erfinden und Ausprobieren.
ISBN 3-473-**37358-3**

®
Ravensburger